Alain Samson

Négociez gagnant!

Outils pour surmonter les obstacles

Société-conseil
Alain Samson

Société-conseil Alain Samson inc.
76 ch. du Grand-Pré
Saint-Jean-sur-Richelieu (QC)
J2W 2Z5

www.alainsamson.net
www.devenezauteur.com
450-359-3630

Correction : Nathalie Ferraris
Illustration : Adobe Stock
Diffusion : www.devenezauteur.com

Dépôt légal, 1ᵉʳ trimestre 2016

ISBN : 9781523360079

Alain Samson

Négociez gagnant!

Outils pour surmonter les obstacles

Société-conseil
Alain Samson

Table des matières

Alain Samson

Introduction

Ne négociez pas avec vos peurs.
Mais n'ayez pas peur de négocier.
— John F. Kennedy

Pourquoi citer Kennedy dans ce livre? Simplement parce qu'il a conduit avec brio l'une des négociations les plus importantes de l'histoire et parce que, si vous lisez ces lignes aujourd'hui, c'est qu'il a suivi les principes présentés dans ce livre. S'il n'avait pas relevé le défi, le reste de l'humanité vivrait actuellement dans un monde postapocalyptique.

Du 16 au 28 octobre 1962, le monde a connu la crise des missiles de Cuba. Les avions-espions américains avaient révélé que les Russes installaient des missiles capables de lancer des charges nucléaires vers les États-Unis. Des centaines de millions de vies étaient en jeu. Pendant ces treize jours, le monde a frôlé l'annihilation.

Les conseillers de Kennedy lui ont suggéré d'attaquer Cuba. Il a refusé. On lui a proposé de menacer la Russie de Khrouchtchev. Il a refusé. Au bout du compte, il a préféré se mettre à la place de son vis-à-vis et, avec lui, il a contribué à sauver le monde.

Sans humilier l'homme politique russe. Sans se soumettre à lui. Sans fermer les yeux en espérant que les choses se passent bien. Juste en créant, par le biais des négociations, assez de valeur pour que la paix prévale.

Vous ne vivez pas des crises mondiales susceptibles de mener à l'apocalypse tous les jours...

C'est vrai. Mais vous êtes constamment en train de négocier, et chaque négociation a des impacts sur le reste de votre vie. Voyons quelques exemples :

- Léa et Martin doivent vendre leur maison pour déménager dans une résidence pour personnes âgées. Ils souhaitent tirer le maximum de la vente, car il s'agit de l'essentiel de leurs économies.

- Nadia doit passer une entrevue à la suite de sa diplomation. Ce sera son premier « vrai » emploi. Elle souhaite obtenir le poste et être payée à sa juste valeur. Elle ne veut pas brader ses compétences.

- Didier aimerait obtenir le financement nécessaire qui lui mettra de mettre sur le marché l'application qu'il vient de développer. Il doit rencontrer des anges financiers.

- Belinda doit négocier avec les gens qu'elle aime le plus au monde : ses parents. Elle souhaite acheter l'entreprise familiale. Mais ça ne semble pas aussi clair dans l'esprit de son père et de sa mère...

- Alexandre passe à travers la période la plus difficile de sa vie. À cause d'un divorce, il doit négocier le partage du patrimoine et les droits de garde des enfants. Il sait que ce ne sera pas facile.

Vous vous reconnaissez dans ces exemples? Dans les faits, nous sommes toujours en train de négocier en tentant d'aller chercher le maximum et en espérant ne pas perdre la face lors des discussions nécessaires à l'élaboration d'une entente qui satisfera toutes les parties.

Alain Samson

Mais dans toute négociation, il y a souvent des gagnants et des perdants. Il se pourrait que Léa et Martin se fassent flouer lors de la vente, que Nadia accepte un salaire bien inférieur à sa valeur, que Didier n'arrive pas à persuader les financiers, que Belinda se retrouve en froid avec ses parents et qu'Alexandre, fatigué de se battre, accorde à son ex tout ce qu'elle souhaite.

Pourrait-il y avoir autre chose que des gagnants et des perdants dans une négociation?

C'est ce que vous serez appelé à découvrir dans ce livre. Kennedy aurait pu entreprendre sa négociation en supposant que, dans la vie, il y a des bons et des méchants. En conséquence, il aurait pu être tenté de faire feu le premier. Si c'était arrivé, vous ne seriez pas vivant pour apprécier sa sagesse. Il a fait en sorte que les deux parties soient gagnantes lors de cette négociation.

La vie est faite de négociations. Sans vouloir la perte de nos vis-à-vis, nous souhaitons tirer notre épingle du jeu. Ce n'est pas parce que nous aimons moins les autres. C'est simplement que nous souhaitons voir reconnaître la valeur des idées, propos et suggestions que nous apportons à la table des négociations. Alexandre ne souhaite pas passer le reste de sa vie à ressasser le fait qu'il a été berné lors de son divorce. Nadia ne désire pas être embauchée au rabais.

Qu'en est-il de vous? Quelles sont les négociations que vous devez mener chaque jour? Souhaitez-vous en sortir gagnant? Avez-vous l'impression de mériter qu'on reconnaisse votre valeur et que celle-ci influence les résultats?

Dans l'affirmative, ce livre est pour vous. Vous y trouverez 13 outils (ou principes) destinés à améliorer le résultat de chacune de vos négociations. Cela ne veut pas dire que vous serez amené à tirer parti des autres et à abuser d'eux. Loin de là.

Tout au long de ce livre, vous serez encouragé à élargir la tarte, c'est-à-dire à penser de manière créative et à améliorer le résultat final de ces négociations que vous percevez comme un jeu d'échecs qui doit nécessairement produire un gagnant et un perdant.

Négocier n'est pas un jeu d'échecs. C'est un jeu collaboratif. C'est avec l'autre que vous irez chercher les meilleurs résultats. Votre vis-à-vis n'est pas un adversaire. C'est un partenaire, mais il n'en est peut-être pas encore conscient. Vous ne souhaitez pas abuser de lui. Vous désirez au contraire le voir satisfait pour pouvoir, en toute confiance, négocier encore avec lui à l'avenir. Vous n'êtes pas partisan de la stratégie de la terre brûlée en laissant votre adversaire exsangue et souhaitant ne vous avoir jamais rencontré. Vous voulez transformer les pires adversaires en partenaires à long terme.

C'est cette philosophie qui imprègne ce livre. Espérons que votre vis-à-vis le lira également. Dans ce cas, vous verrez que votre négociation sera bien plus facile à mener. Vous aurez alors à cœur de gagner tous les deux.

Belinda voit ses parents comme des adversaires. Imaginez qu'elle se mette au lit avec ce livre et qu'elle en entreprenne la lecture. L'idéal serait qu'elle se réveille au petit matin avec des moyens de faire face à la négociation sans briser les précieux liens familiaux auxquels elle tient tant. C'est réalisable. Sans perdre la face. Sans tout céder.

Il est presque toujours possible de négocier gagnant. Même si on doit mettre un peu de pression sur l'autre partie, elle constatera, par la suite, que la négociation n'a fait que des vainqueurs. C'est ce que nous vous souhaitons, quelle que soit la négociation qui vous a amené à ouvrir ce livre. Bon succès!

Alain Samson

Premier principe :
Qu'est-ce qu'une
négociation?

J'avais beau supplier
Jamais elle n'y croyait
Mais quand on aime à la folie
Il faut insister à tout prix
— Richard Anthony

Dans cette chanson, Richard Anthony ne parle pas de négociation, mais de supplication. Pour qu'une négociation puisse avoir lieu, il faut que les deux parties aient envie de s'y investir. Nous profitons de cette première section pour revenir à la base et vous rappeler ce que signifie « négocier » afin de vous éviter de marchander dans le vide avec des vis-à-vis qui ne souhaitent aucunement parlementer.

Qu'est-ce qu'une négociation?

Vous arrive-t-il de souffrir du syndrome du coup de poing au visage? Est-ce après discussion, sur le chemin du retour, que vous trouvez vos meilleures répliques, vos meilleurs arguments? Si c'est le cas, vous êtes comme la majorité des gens. Pour vous, la négociation est un engrenage qui vous happe et qui ne vous laisse libre qu'une fois l'accord conclu, qu'il vous soit favorable ou non. Mais le problème avec cette vision de la négociation, c'est qu'elle laisse souvent un goût amer, une impression de « Si c'était à refaire, je... »

Pour éviter ce syndrome, commençons par nous demander ce qu'est une négociation. Nous la définirons comme étant *le processus par lequel des parties partageant un objectif commun tentent de s'entendre sur les composantes variables d'une transaction. Ce processus peut se conclure par un accord ou une impasse.*

Pour qu'il y ait négociation, il faut donc que les parties partagent un objectif commun. Si ce n'est pas le cas, il n'y a pas lieu d'ouvrir les négociations. De plus, les négociations portent sur les composantes variables d'une transaction. Nous verrons plus loin qu'il existe deux types de composantes variables : les composantes partagées et les composantes disjointes. Mais pour l'instant, tentons de découvrir les parties en présence.

Les parties en présence

Imaginons deux personnages au début d'une négociation. Il s'agit de Julie et de Pierre. Ils se rencontrent pour négocier un bail commercial. Leur objectif commun, c'est d'arriver à une entente pour que Julie ait son local et que Pierre puisse enfin enlever l'enseigne « À louer » qui est en vitrine depuis bientôt six mois.

S'il n'y avait pas cet objectif commun entre Julie et Pierre, il ne pourrait y avoir de négociation. Il leur reste donc à s'entendre sur les composantes variables de la transaction. Parmi celles-ci, il y a le loyer, les frais communs, la durée du bail et le montant des améliorations locatives que Pierre s'engage à effectuer à la signature.

Il y a deux types de composantes variables. Tout d'abord, il y a la *composante partagée*. C'est une composante dont le gain pour une partie provoque une perte chez l'autre. Par exemple, si j'achète un mobilier de salon chez un marchand, chaque dollar d'escompte que je réussirai à gagner constituera une perte pour le marchand. C'est une composante de la transaction que nous partageons et une concession ne peut se faire qu'aux dépens d'une des parties.

Toutefois, le fait que je choisisse la couleur B plutôt que la couleur A ne coûte rien au marchand. Pour lui, s'il a les deux couleurs en stock, c'est du pareil au même. Cependant, pour moi, selon les couleurs dominantes de mon salon, ça peut faire toute la différence.

Une composante qui ne touche pas les deux parties est une *composante disjointe*. Il est toujours plus intéressant, en négociation, de faire les concessions sur les composantes disjointes, puisque l'une ou l'autre des parties n'y perd rien. Une bonne partie de l'art de négocier consiste à saisir les attentes de l'autre par rapport aux composantes disjointes.

Julie et Pierre ont terminé la visite du local et ils s'apprêtent à négocier. Il est probable qu'à ce moment chacun a sa petite idée au sujet de la valeur du bail.

Julie veut payer 400 $ par mois, mais elle est prête à monter jusqu'à 800 $. Si le loyer est plus cher, elle ne signera pas. Quant à Pierre, il souhaite demander 900 $ par mois, mais si Julie ne veut pas payer autant, il est prêt à descendre jusqu'à 600 $. Il sait que, dans le contexte économique actuel, c'est le prix courant. En dessous de ce seuil, il préférera attendre un nouveau locataire.

Nous appellerons *niveaux d'attente* les objectifs que poursuit chaque partie avant le début des négociations. Ce sont les balises que chacun se fixe pour évoluer dans le processus. Contrairement à ce qu'on peut penser, elles ne sont pas immuables. L'une des premières choses que vous ferez en situation de négociation, c'est de provoquer une baisse du niveau d'attente de votre opposant.

Ça pourrait être simple, mais c'est sans compter sur un autre groupe de pression qui, sans être présent physiquement, agit sur tout le processus de négociation. Pierre s'est en effet vanté à ses supérieurs qu'il obtiendrait au moins 750 $ par mois pour le local. S'il va chercher moins que cela, il risque de devoir rendre des comptes, et il n'en a pas envie.

Quant à Julie, elle doit également faire face à un groupe de pression. Elle a inscrit dans son plan d'affaires que son loyer serait de seulement 500 $ par mois. Comme elle a déjà montré son plan d'affaires à plusieurs personnes intéressées à investir dans son entreprise, elle n'aimerait pas payer davantage. Nous verrons dans la suite de ce livre qu'une bonne partie de la préparation en vue de la négociation consiste à identifier les personnes qui peuvent faire pression sur la partie adverse.

Comment cette rencontre se terminera-t-elle? Julie et Pierre s'entendront-ils sur le montant du loyer? La négociation fera-t-elle un gagnant? Deux gagnants? Deux perdants? La suite des événements tiendra à la connaissance qu'ont Julie et Pierre des huit principes de base en négociation.

Les 8 principes de base en négociation

Le cadre théorique que nous venons d'approfondir nous permet de présenter certains principes qui guident toutes les négociations. Le simple fait de garder ces huit principes présents dans votre esprit au moment de votre prochaine négociation vous aidera à obtenir plus d'avantages. Il s'agit ici non pas d'user de tactiques illicites, mais simplement de mieux comprendre comment fonctionne l'esprit de votre opposant et comment une meilleure programmation de votre propre esprit vous aidera à surmonter les difficultés que vous vous imposez sans le savoir.

Alain Samson

1. Couper la poire en deux n'est pas la seule façon de faire deux gagnants.

Il existe une conception populaire du processus de négociation qui veut que la conclusion optimale d'une négociation se retrouve au point milieu des attentes des deux parties. Par exemple, Julie souhaitant vraiment payer 500 $ et Pierre s'étant engagé à recevoir 750 $, la négociation devrait, selon cette conception, se conclure à 625 $. Or, le point médian (le point milieu) n'est pas le seul aspect qui apportera de la satisfaction aux parties en présence.

Rappelez-vous les trois dernières négociations que vous avez menées. Vous ont-elles laissé satisfait? Il est probable que oui. En fait, dès qu'un accord est conclu, que l'une des parties ait gagné davantage ou non, chacun s'en déclare satisfait. C'est la signature de l'accord (qui représente l'aboutissement de la négociation) qui constitue le facteur de satisfaction. Ce ne sont pas les simples conditions de l'accord.

Que vous ayez tout laissé ou tout pris n'est pas important dans la mesure où l'autre partie ne se sent pas bafouée. Si la négociation s'est faite dans le respect de l'autre, vous le laisserez satisfait, peu importe les clauses de l'entente. Si vous oubliez ce principe, vous vous sentirez coupable de ne penser qu'à vos intérêts et vous n'irez pas chercher le maximum. La satisfaction naît dans l'accord et non dans ses détails. Celui qui vous a dit « oui » rationalisera l'entente et trouvera de multiples raisons de s'en déclarer satisfait.

2. Celui qui s'attend à plus récolte généralement plus.

Ce principe est surtout vérifiable dans une situation de négociation fort courante : la vente. Si vous êtes distributeur et que vous dites à un vendeur que tel produit vaut 750 $, mais que, étant donné les circonstances, il peut le vendre 500 $ à son client, il est probable qu'il en obtiendra près de 600 $. C'est normal : il est persuadé que le produit vaut 750 $.

D'un autre côté, si vous dites au commerçant que le même produit vaut tout au plus 500 $ et que vous serez content s'il réussit à vous en débarrasser, il le vendra aux environs de 475 $. Pourtant, il s'agit du même produit! En négociation, le niveau d'attente que vous vous fixez au départ constitue le principal frein à une victoire décisive. S'il n'est pas suffisamment haut, vous n'obtiendrez jamais ce qui est à portée de main et vous vous contenterez de ce que votre vis-à-vis accepte de vous laisser.

Votre niveau d'attente influence votre attitude et peut réduire votre combativité. Il est affecté par l'image que vous entretenez de vous-même et par les objectifs que vous vous êtes fixés. Cultivez une image positive de vous-même.

Julie, par exemple, pourrait se convaincre du besoin que Pierre a d'elle en dressant une liste de tous les avantages qu'il retirera s'il parvient à lui louer son local : facilité à louer ses autres locaux, plus d'électricité à payer, bonne performance aux yeux de ses supérieurs, etc..

Un vendeur pourrait dresser une liste de tous les avantages se rapportant à ce qu'il vend. L'important, c'est d'entretenir une image positive de soi et du produit ou du service que l'on souhaite vendre. Si vous ne maintenez pas une image positive de vous-même, vos attentes seront réduites et les autres pourront facilement profiter de votre faiblesse.

Renseignez-vous et évaluez votre produit à sa juste valeur. Rappelez-vous que personne ne vous donnera plus que ce que vous demandez. Apprenez dès aujourd'hui à faire grimper votre niveau d'attente.

3. Les concessions n'ont pas à être calquées sur le principe « donnant, donnant ».

Une négociation n'est pas une partie de yo-yo. Pourtant, plusieurs personnes se sentent obligées de faire un petit pas chaque fois que l'autre partie en fait un. Par exemple, si un vendeur enlève cinq dollars à son prix, je vais ajouter cinq dollars au mien et, éventuellement, nous allons nous rejoindre sur un prix qui nous satisfera tous les deux.

Or, vous n'avez pas à faire un pas chaque fois que l'autre en fait un. Si vous utilisez vos habiletés personnelles, vous vous rendrez rapidement compte que le simple fait d'écouter constitue déjà une concession. Gardez présent à l'esprit votre niveau d'attente et réfléchissez avant d'agir. Si votre vis-à-vis soustrait cinq dollars à son prix, vous pouvez le féliciter et lui rappeler que ses patrons seront heureux de savoir qu'il a conclu sa vente.

De plus, dites-vous que chaque concession que vous faites en faveur de votre vis-à-vis joue sur son niveau d'attente. Si c'est la fin de la journée et que, à cause de la fatigue, vous faites une grande concession dans l'espoir d'en terminer le plus vite possible, vous allez faire grimper le niveau d'attente de l'adversaire et prolonger encore plus la négociation. Il est reconnu que celui qui concède par petites doses, puis arrête de le faire, augmente ses chances de réussite. Essayez en outre de ne pas être celui qui fait la première concession. Des études ont démontré que celui qui fait la première concession tend généralement à sortir moins gagnant d'une séance de négociation.

4. Connaître l'autre est essentiel.
Que souhaite la partie adverse? Comment réagit-elle normalement? Quels arguments ont le plus d'impact auprès d'elle? Comment réduire son niveau d'attente le plus efficacement possible?

En situation de négociation, une bonne connaissance de l'autre est essentielle. Vous devez savoir ce qui motive votre vis-à-vis et ce qui le rendra plus malléable. Par exemple, le fait que Julie sache que le local est vide depuis six mois aura un effet sur sa technique de négociation. Elle pourrait également aller rencontrer les autres locataires pour savoir de quels avantages ils bénéficient. Nous traiterons de l'analyse de la partie adverse dans la prochaine section.

5. Ne perdez jamais de vue l'objet de la négociation.

Fixez-vous des objectifs avant d'entreprendre chauque négociation. Si vous vous lancez en vous promettant de vous adapter au fur et à mesure, vous vous buterez rapidement contre des détails qui nuiront à l'atteinte de votre objectif. Demandez-vous en quoi chaque point à l'étude peut modifier votre stratégie globale. Si ce fameux point est d'une grande importance, c'est le temps de négocier. Si ce n'est pas le cas, c'est probablement le temps de faire une concession (les cadeaux qui ne vous coûtent rien restent tout de même des cadeaux). Investissez la majorité de vos efforts sur les points qui réduisent vos chances d'atteindre vos critères de succès.

6. Le silence a toujours sa place.

Les gens n'aiment pas le silence. Il les rend mal à l'aise. Ils ont l'impression qu'ils doivent le combler. Si vous faites une demande et que l'autre répond « non », ça ne veut pas dire que la négociation a avorté. Plutôt que de reprendre la parole et de vous lancer sur un autre sujet, ne dites rien. Les secondes passeront, puis les minutes, et l'autre reprendra peut-être la parole en faisant une contre-proposition.

Pour certains, le silence est comme un retrait, un abandon des négociations. Rappelez-vous que vous partagez le même objectif que votre vis-à-vis et que ce dernier ne souhaite pas vous voir partir. Si vous abandonnez, il aura perdu son temps et son entourage lui demandera peut-être des comptes. Au contraire, pendant que vous gardez le silence, il a le temps de se rappeler les derniers arguments et de travailler à trouver un compromis qui satisfera tout le monde. Si vous ne faites pas silence, vous ne saurez jamais si sa réponse était définitive et s'il vous était possible de soutirer davantage de concessions.

Alain Samson

7. Il ne faut pas que votre vis-à-vis soit piégé et perde la face.
Vous n'êtes pas là pour avoir raison; vous êtes là pour tirer le meilleur parti d'une situation qui fera deux gagnants. Gardez toujours à l'esprit que votre vis-à-vis est un partenaire. C'est à votre objectif commun que vous devez vous attaquer, pas à l'autre. À quoi servirait-il à Julie de dire à Pierre qu'il est chiche et qu'il ne sait pas ce qu'il dit? Elle doit plutôt lui rappeler qu'elle a envie de louer son local, mais que, malheureusement, elle ne peut accepter les conditions qu'il lui offre.

Dans le même ordre d'idées, ne faites jamais la preuve devant un de ses supérieurs que votre vis-à-vis est incompétent ou que l'organisation est déficiente. En attaquant un employé mandaté pour négocier, c'est le patron que vous critiquez. Vous assisterez alors à une stratégie de repli, à un durcissement des positions ou à un arrêt des négociations. Rappelez-vous que votre vis-à-vis est un partenaire et que vous travaillez avec lui en fonction d'un objectif commun. Vous devez trouver ensemble une solution à un problème; il devra par la suite convaincre ses supérieurs du bien-fondé de l'accord conclu.

8. Ce qui est écrit n'est pas nécessairement non négociable.
Ce principe est également important. Savez-vous comment sont établies les listes de prix? Savez-vous comment sont fixés le prix des locaux et les honoraires d'un consultant? Ceux qui calculent ces prix se basent sur des moyennes annuelles. Ils tiennent compte des coûts de production, des fluctuations possibles du taux de change, des comptes perdus pour mauvaises créances et des coûts d'administration liés à la gestion des comptes.

Or, vous avez l'intention de payer vos factures. Vous êtes prêt à vous plier aux échéanciers de l'autre partie et vous n'avez pas l'intention d'engendrer des coûts administratifs supérieurs à la moyenne. Alors, pourquoi payer davantage à cause de ceux qui oublient de le faire et qui imposent de nouveaux échéanciers au fournisseur? Vous n'avez pas à payer pour tout cela. Rappelez-vous que le prix indiqué est une moyenne qui contient plusieurs types de coûts. Soyez bien clair quant à votre intention de ne payer que ce que vous utiliserez.

Alain Samson

Deuxième principe : planifiez vos négociations

Faillir de planifier,
C'est planifier de faillir.
— Auteur inconnu

Vous faites fausse route si vous misez sur votre seul instinct et que vous arrivez à la table des négociations sans la moindre préparation. Le talent est un atout en négociation, mais la préparation constitue la clé du succès.

L'importance de faire ses devoirs

Dans une négociation, la partie qui a fait ses devoirs dans une situation où l'équilibre du pouvoir n'est pas complètement en sa défaveur a toutes les chances de sortir gagnante de la négociation. Plusieurs raisons expliquent cela.

Premièrement, celui qui fait ses devoirs est imperméable à la fausse information. Certains négociateurs peu scrupuleux peuvent laisser entendre des choses qui ne sont pas fondées. Si vos devoirs sont bien faits, vous pourrez vous contenter de sourire et leur demander pour qui ils vous prennent.

Deuxièmement, une bonne préparation évite de confondre concessions et pratiques commerciales. Par exemple, si un fournisseur a pour politique de donner un escompte de 10 % à tous ses clients qui payent leurs factures à l'intérieur de 10 jours, ce n'est pas une concession. Mais si vous ignorez que c'est une pratique courante chez lui, vous pouvez penser le contraire et signer trop rapidement son offre.

Troisièmement, une bonne préparation permet de prévoir les questions. Selon les situations, les mêmes questions reviennent fréquemment. Ne vous contentez pas de vous fier à votre légendaire vivacité d'esprit pour y faire face! Ne laissez rien à la chance.

Quatrièmement, faire ses devoirs assure de bien connaître ses forces et ses faiblesses, de même que celles de son opposant. En dressant une liste, vous saurez quels sujets éviter et quels aspects vous permettront de compter des points en faisant baisser le niveau d'attente de l'autre partie. En sachant où viser, vous ne risquerez pas de révéler des faiblesses qui n'étaient pas encore apparues aux yeux de votre opposant.

Finalement, celui qui se prépare à une négociation connaît l'équilibre du pouvoir entre les parties en présence. Il sait qui peut faire mal à qui car cene sont pas tous les interlocuteurs qui visent une entente faisant deux gagnants. Il sait si le facteur temps est important ou non. Il sait si d'autres options se présentent à lui. Bref, il sait jusqu'où il peut faire pression sans voir la négociation se diriger vers l'impasse.

Les 7 étapes vers une négociation réussie

Vos habiletés personnelles en négociation ne vous permettront pas à elles seules de gagner à tout coup. Vous devrez fournir les efforts nécessaires pour vous préparer à l'affrontement.

Je vous présente dans cette section les sept étapes de la négociation qui, sans garantir votre succès dans toutes les discussions, vous permettront néanmoins de tirer votre épingle du jeu dans la majorité des cas. Nous allons maintenant étudier chacune de ces étapes pour en tirer l'essentiel.

Alain Samson

La planification de la négociation

Vous connaissez l'importance de la mission d'entreprise. Elle procure un sentiment de direction, de mouvement. Elle guide les gestes individuels et réduit la dépendance envers les supérieurs. Bref, elle engendre une plus grande autonomie chez tous ceux qui sont engagés dans l'entreprise.

La planification en négociation est tout aussi précieuse. Elle permet de fixer des objectifs qui serviront d'assises à vos décisions. Elle aide également à saisir ce qui est important et ce qui ne l'est pas. De cette façon, vous êtes en mesure d'utiliser votre temps à bon escient. C'est pourquoi, avant d'entreprendre une négociation, vous devez vous poser les questions suivantes :

Quelle importance cette négociation aura-t-elle dans l'atteinte de mes objectifs? S'il s'agit d'une rencontre considérée comme peu importante en fonction de vos objectifs, vous pourriez déléguer le travail à quelqu'un d'autre ou carrément l'annuler. À quoi bon rencontrer le vendeur de publicité de tel poste de radio si vous savez à l'avance que son auditoire ne correspond pas à votre clientèle cible? Ne perdez pas de vue la valeur de votre temps.

Un échec aura-t-il un effet important sur ma planification stratégique? Si vous devez mener trois négociations de front et que votre temps est compté, concentrez-vous sur celle dont l'aboutissement aura l'effet le plus important sur vos objectifs. En établissant des priorités, vous éviterez les erreurs coûteuses. Ne laissez pas le tourbillon du quotidien vous faire oublier vos objectifs réels!

Combien de temps dois-je allouer au processus de préparation? Passer à travers tout le processus de préparation prend du temps et gruge de l'énergie. En fonction de l'importance des renseignements à colliger, déterminez à l'avance combien de temps vous allouerez à la préparation de la négociation. Vous ne vous préparerez pas aussi longtemps pour négocier le coût d'une page dans le journal local que pour renégocier un bail commercial...

La collecte d'informations

Après vous être préparé, vous partirez à la chasse aux renseignements. Rappelons que mis à part vos habiletés personnelles en communication, l'information que vous possèderez sera votre meilleure arme lors de la négociation. Elle vous évitera d'accepter de faux cadeaux et elle vous rendra imperméable aux faux renseignements.

Aussi, votre collecte d'informations ne sera pas la même d'une négociation à l'autre. Selon la situation et l'importance stratégique de la rencontre, vous tenterez d'en apprendre davantage sur l'un ou l'autre des sujets suivants :

L'organisation qui vous fait face
Est-elle en croissance? Quel marché dessert-elle? Correspondez-vous au portrait de son client type ou de son fournisseur type? Pourquoi a-t-elle besoin de vous? Est-elle solvable? Qui, parmi vos connaissances, fait déjà affaire avec elle?

Le négociateur qui vous fera face
Les gens ont l'habitude de répéter les gestes qui, par le passé, leur ont rapporté. Si vous pouvez découvrir les tactiques qu'emploie généralement votre vis-à-vis, vous pourrez vous préparer en conséquence. Ainsi, si l'autre a l'habitude d'utiliser une stratégie de type « le bon et le méchant », vous pourrez vous contenter de sourire quand il l'emploiera contre vous et mentionner que vous la connaissez déjà.

L'industrie
De quoi a l'air le marché actuel? Comment se comporte la concurrence? Vous apprêtez-vous à négocier l'acquisition

Alain Samson

d'une technologie qui s'avérera désuète le mois prochain? Une bonne connaissance de l'industrie éclairera votre négociation et vous aidera à prendre conscience de l'équilibre des forces en présence.

Le cadre juridique
J'ai déjà vu un entrepreneur conclure la vente d'une maison en s'engageant à fournir une garantie de cinq ans sur les vices cachés. Or, cette garantie est obligatoire au Québec. Donc, dans les faits, cet entrepreneur n'offrait rien. Si vous ne connaissez pas le cadre juridique de la transaction, vous risquez, vous aussi, de faire des concessions en échange de cadeaux qui n'en sont pas vraiment.

Ne négligez pas les renseignements que vous pouvez trouver. Le moindre d'entre eux peut quelquefois être utilisé à votre profit. Prenons par exemple l'achalandage commercial. Si vous négociez la location d'un local situé dans un centre commercial, mieux vaut effectuer votre visite des lieux avec le propriétaire une journée où l'achalandage est faible. Vous pourrez glisser dans la conversation : « Il n'y a pas grand-monde ici. » Votre opposant, s'il ne connaît pas la manœuvre, diminuera immédiatement son niveau d'attente. Imaginez maintenant que vous visitez les lieux une journée où les clients se marchent sur les pieds et que votre opposant vous le fait remarquer. Vous perdrez. Or, vous êtes le client; vous pouvez choisir le moment de la visite. C'est un détail, mais ce sont les petits détails qui permettent de marquer des points.

Vos sources de renseignements sont très nombreuses. Vous pouvez communiquer avec des clients ou des fournisseurs de l'entreprise que vous allez rencontrer. Vous pouvez demander des statistiques de l'industrie auprès de votre groupement d'achat ou de diverses instances gouvernementales. Si vous avez un ami notaire ou avocat, vous obtiendrez facilement des renseignements sur le cadre juridique. Si vous négociez une construction ou un agrandissement, un entrepreneur en construction vous donnera quelques trucs sur les négociations dans ce secteur. Si vous connaissez quelqu'un qui a déjà négocié avec la même personne, vous pourrez en apprendre beaucoup sur ses méthodes de négociation. Ne négligez aucune source.

Si, le matin des négociations, il vous manque une information importante, jouez le rôle de celui qui ne sait pas trop. Transformez la partie adverse en informateur et apprenez-en plus sur ses méthodes, ses échéances de paiement, ses prix. Il n'y a aucune gêne à poser des questions qui montrent combien certains aspects vous échappent. Vous aurez d'ailleurs souvent avantage à laisser entendre que vous en savez moins qu'en réalité. C'est la meilleure façon de découvrir si l'autre partie est de bonne ou de mauvaise foi.

L'évaluation des groupes de pression

Nous avons déjà mentionné que chaque négociateur a son propre groupe de pression qui vient réduire sa marge de manœuvre et qui envoie parfois des signaux ambigus ou même carrément contradictoires. Il est tout à votre avantage de connaître les sources qui se cachent derrière votre vis-à-vis. Parmi celles-ci, retenez :

La famille
Si vous travaillez avec une entreprise familiale, le lien est évident. Chacun peut se croire investi de l'autorité et vouloir diriger le négociateur à sa façon. Si la direction passe à une nouvelle génération, c'est encore plus délicat.

Mais il n'y a pas que dans l'entreprise familiale que la famille joue un rôle important. Votre négociateur souhaite peut-être rentrer tôt chez lui. Il doit peut-être passer prendre ses enfants à la garderie. Il se peut même que, si la négociation se produit la veille d'un long congé, il ait prévu de partir à l'étranger en soirée. Dans tous ces cas, vous comprendrez que s'il est pressé de partir, le choix de l'heure et de la date de la rencontre peut grandement faire augmenter la pression chez votre vis-à-vis.

Les supérieurs
Est-ce le patron de l'organisation qui va négocier avec vous ou l'un de ses représentants? Si le patron envoie un représentant, il lui a probablement donné un objectif à atteindre. Ce ne sera pas le cas s'il s'agit d'une entreprise dont le patron est parti en Floride six mois par année. Vous devez vous demander pourquoi ce représentant, et pas un autre, a été choisi pour vous rencontrer.

Les pairs
Votre vis-à-vis veut bien paraître devant ses pairs. Il leur a peut-être déjà dit qu'il refuserait de négocier si vous offriez moins que son seuil minimal. Il subit peut-être des pressions pour faire aboutir les négociations et reprendre un travail que ses pairs effectuent actuellement à sa place. Il est même possible que certains de ses collègues aient voulu jouer les négociateurs; ils n'hésiteront pas alors à lui mettre des bâtons dans les roues.

Les subalternes
Selon la nature de la négociation, il est possible que l'emploi de subalternes dépende de l'aboutissement de la négociation. Si vous négociez l'agrandissement de votre entrepôt et qu'il n'y a pas beaucoup de travail dans votre région, les employés de l'entrepreneur qui vous fait face se retrouveront peut-être au chômage si vous ne vous entendez pas. L'entrepreneur le sait et connaît les risques de perdre ses meilleurs employés s'il ne trouve pas assez de travail.

Votre propre groupe
N'oubliez pas que vous avez également un groupe de pression. Que souhaite-t-il? Quels sont les enjeux? Si vous connaissez bien votre groupe de pression, vous arriverez à négocier un

mandat clair et à façonner un cadre de négociation qui vous facilitera la tâche.

Si vous parvenez à déterminer les forces à l'œuvre, prenez le temps de vous poser les quatre questions suivantes pour chaque constituante du groupe de pression :

1. Quelles sont les attentes du groupe de pression?
Quels messages le groupe de pression envoie-t-il à son négociateur? Il lui demande peut-être de rapporter un contrat, quelles qu'en soient les conditions. Ces messages sont-ils divergents?

2. Comment le groupe influence-t-il le comportement du négociateur?
Selon les directives qu'il a reçues (« Je veux un contrat d'ici mercredi » ou « Ne descends pas en bas de 15 600 $ »), le négociateur modifiera sa stratégie. Si vous arrivez à voir clair dans son jeu, vous serez en mesure de tirer avantage de la situation.

3. Pourquoi le groupe a-t-il choisi ce négociateur?
Si le groupe de négociation vous envoie un directeur de production, c'est que, pour lui, la question est d'ordre technique. S'il vous envoie le directeur des ventes, c'est que la négociation porte sur le prix ou sur les conditions de vente.

4. Comment puis-je aider mon vis-à-vis à vendre ma contre-proposition à son groupe?
En connaissant mieux les membres du groupe de pression de votre vis-à-vis, vous serez en mesure de l'aider à les convaincre de l'intérêt de votre proposition. Fournissez-lui des arguments qu'il pourra utiliser. Ce qu'il souhaite, c'est un accord. Aidez-le à vous aider.

Alain Samson

L'analyse des pouvoirs en présence

Qui, dans votre négociation, tient le gros bout du bâton? Le pouvoir, c'est la capacité du négociateur à influencer le comportement de son vis-à-vis. Il découle de la possibilité pour une des parties de récompenser l'autre, de la punir ou de lui offrir à moindre coût des services dont elle a besoin.

La première question à vous poser pour déterminer qui détient le pouvoir, c'est combien d'options se présentent à chacune des parties. Si votre vis-à-vis est l'unique vendeur d'un produit ou d'un service dont vous avez besoin, il jouit d'un avantage. À moins que vous ne puissiez lui faire croire qu'il n'est pas seul dans la course.

Le pouvoir est en effet relatif. Ce n'est pas parce que vous ne connaissez pas d'autres fournisseurs qu'il n'y en a pas. La source de votre pouvoir réside dans l'esprit de votre vis-à-vis, et non dans la réalité. C'est donc dire que votre interlocuteur peut être très puissant, mais que, s'il ne le sait pas, il ne pourra pas en tirer parti.

Votre travail consiste donc à vous demander comment vous pourriez augmenter votre pouvoir. Pour ce faire, posez-vous les deux questions suivantes :

1. Comment puis-je augmenter mon pouvoir aux yeux de l'autre partie?

En posant un geste ou en cessant de faire telle ou telle chose, vous pouvez modifier la façon dont l'autre vous perçoit. Par exemple, si l'autre abuse de son pouvoir, vous pouvez carrément annoncer que vous vous retirez des négociations, car dans ces conditions, la transaction ne vous intéresse plus. Cette action devrait être suffisante pour faire croître votre pouvoir aux yeux de l'autre et lui faire comprendre que, sans votre accord, il n'y aura pas de transaction. Nous verrons plus loin une série de tactiques susceptibles d'augmenter votre pouvoir.

2. Comment puis-je diminuer le pouvoir dont jouit l'autre partie?

Si votre vis-à-vis se croit seul dans la course, dites-lui le contraire. Laissez traîner la carte de visite de l'un de ses concurrents ou demandez-lui son opinion sur une nouvelle technologie qui pourrait remplacer celle qu'il offre. Ou encore, s'il vous croit pressé par le temps, mentionnez que vous n'avez pas besoin de prendre votre décision tout de suite.

Si vous répondez à ces deux questions, vous serez en mesure, dès les premières minutes de la négociation, de diminuer le niveau d'attente de votre opposant et d'utiliser au mieux toutes les ressources dont vous disposez.

Rappelez-vous cependant que le pouvoir ne peut être utilisé impunément et qu'il varie tout au long d'une relation d'affaires. Celui qui en abuse pourrait s'attirer de grands ennuis le jour où l'opposant aura acquis plus de pouvoir.

La détermination des objectifs

Voici venu le temps de déterminer les objectifs spécifiques à la rencontre. Ceux-ci seront fonction de toute l'information que vous aurez accumulée. Une rencontre peut se terminer par un accord en votre faveur, un accord au profit de l'autre partie, un accord favorable aux deux parties, un report de la décision ou un échec. Selon les circonstances et la stratégie que vous élaborerez, chacune de ces finales peut constituer un objectif. Même la constatation temporaire d'un échec et un report des négociations peuvent être préférables à un accord s'ils vous permettent de faire d'autres gains et d'obtenir davantage de concessions par la suite.

Quand vous aurez établi vos objectifs, déterminez jusqu'où vous êtes prêt à aller pour en venir à un accord. Quelles sont les conditions minimales que vous acceptez? Si vous ne prévoyez pas un seuil minimal, vous pourriez vous réveiller avec

Alain Samson

un contrat qui va à l'encontre de vos objectifs stratégiques à long terme.

N'oubliez pas, finalement, de faire accepter vos objectifs et conditions minimales par les membres de votre groupe de pression afin qu'ils ne puissent s'y opposer par la suite. Vous n'avez pas envie de voir votre autorité sapée par les jeux de coulisses. Ainsi, même si vous êtes le copropriétaire d'une entreprise, ne signez pas un document juridique que votre coactionnaire pourrait refuser. De plus, si, pendant les négociations, vous avez des doutes quant à votre capacité de vendre l'entente à votre groupe de pression, demandez une pause et communiquez avec les personnes de ce groupe.

Vous avez besoin d'un mandat clair. Sans lui, vous ne serez pas à l'aise lors de la négociation et vous hésiterez avant de vous engager sur des avenues qui pourraient s'avérer très profitables. Vous devez déterminer vos objectifs avant la rencontre.

La préparation à la rencontre

Nous avons mentionné que, selon la nature de la négociation, les mêmes questions reviennent généralement. L'autre partie tentera évidemment de miner votre crédibilité ou de faire diminuer votre niveau d'attente. Elle posera des questions et usera de techniques destinées à mettre de la pression sur vos épaules. Vous devez vous assurer que vous ne succomberez pas à ces tactiques.

Commencez par mettre par écrit toutes les questions que l'autre partie est susceptible de vous poser durant la rencontre. Mentionnera-t-elle l'offre de vos concurrents? Dira-t-elle que vos livraisons ne se font pas assez rapidement? Vous expliquera-t-elle qu'ailleurs elle bénéficierait d'un délai de 90 jours pour payer ses factures? Répondez à chacune de ces questions.

Nous savons que vous avez l'esprit vif et que cet exercice vous semble superflu, mais ne prenez pas de risques! Une seule mauvaise réponse peut rompre l'équilibre du pouvoir et vous laisser impuissant. Une seule réponse contradictoire peut miner votre crédibilité. Quand vous aurez terminé votre préparation, demandez aux membres de votre groupe de pression s'ils ont des questions auxquelles vous n'auriez pas songées. Chacun a ses faiblesses et ce n'est pas parce que vous connaissez mieux le dossier que quiconque que vous avez pensé à tout.

Finalement, selon l'importance de la rencontre, simulez la négociation et demandez à vos collègues de jouer le rôle de la partie adverse. Cet exercice, en plus de tester la pertinence des réponses que vous avez préparées, vous fera peut-être découvrir des zones inexplorées, des stratégies qui pourraient être décisives pour la suite des négociations, des explications que vous aviez mises de côté. Votre but, c'est de pouvoir servir les arguments pertinents à la partie adverse durant la négociation, plutôt que de les ressasser sur le chemin du retour.

L'ordre du jour, la procédure et les contraintes

Les questions de vos collègues vous feront probablement prendre conscience des points faibles de votre position et des faiblesses de votre argumentation. Vous serez certainement en mesure de compenser certaines de ces faiblesses, mais qu'en est-il de celles pour lesquelles vous partez perdant?

Vous pouvez proposer que le cadre des négociations soit orchestré de façon à vous prémunir contre d'éventuelles offensives sur vos points faibles. Selon les circonstances, trois instruments s'offrent à vous :

L'ordre du jour
Vous pouvez faire parvenir à l'avance à l'autre partie une proposition d'ordre du jour qui omet les sujets que vous jugez dangereux. Rappelez-vous que l'autre partie, même si elle a

fait ses devoirs, n'est pas aussi consciente que vous de vos faiblesses. Elle ne se rendra probablement pas compte de l'omission et verra votre proposition comme une volonté de ne faire perdre de temps à personne. Un ordre du jour bien préparé orientera toute la rencontre.

La procédure
Si, le matin de la rencontre, les sujets que vous souhaitez éviter figurent tout de même à l'ordre du jour, vous pouvez suggérer d'entrée de jeu, « étant donné le temps qui nous presse », qu'une durée maximale soit allouée à chaque point figurant à l'ordre du jour. Si vous faites accepter cette procédure (ou toute autre qui peut vous convenir), vous arriverez ainsi à limiter la discussion sur les sujets qui pourraient miner votre crédibilité ou nuire à votre position de négociation. Il faut restreindre le temps passé sur les sujets où vous risquez de perdre des plumes!

Les contraintes
Si les sujets dont vous aimeriez ne pas parler sont à l'ordre du jour et que vous n'avez aucun contrôle sur la procédure, il y a toujours moyen, au début d'une rencontre, d'annoncer que vous jouissez de peu de temps puisque votre horaire de la journée est très chargé. Cette contrainte de temps que vous imposez à votre vis-à-vis poussera les parties à accélérer le débat plutôt qu'à s'embourber dans des détails qu'il n'est pas dans votre intérêt de traiter. Si jamais le débat s'étire, rappelez à tous l'urgence d'accélérer le rythme de la négociation.

C'est plus facile qu'il n'y paraît

Au vu de tout ce qui a été dit, il serait facile de croire que la préparation à une négociation est un processus lourd et compliqué. Même si ça peut être le cas les premières fois, vous acquerrez rapidement des automatismes qui vous rendront plus efficace. Selon votre secteur d'activité, les relations de pouvoirs seront souvent les mêmes, tout comme les questions.

Donnez-vous la peine de vous plier à la série d'étapes que nous avons présentée. Vous vous apercevrez rapidement que, de fois en fois, vous gagnerez en temps et en efficacité. Ce sont les premières fois qui demandent le plus d'efforts.

Alain Samson

Troisième principe :
choisissez la bonne attitude

La victoire dans une partie d'échecs
appartient la plupart du temps
à celui qui voit un peu plus loin
que l'adversaire.
— Lasker

Vous êtes en plein divorce. Vous négociez le partage de votre patrimoine. Vous éprouvez de la colère et vous affirmez haut et fort que votre ex n'aura pas un sou. Vous passerez dix années en cour s'il le faut. Coûte que coûte, vous aurez raison!

Vous vous reconnaissez? Dans l'affirmative, pensez-y deux fois avant d'agir, car votre état d'esprit risque davantage de vous nuire que de vous aider à aller chercher le maximum dans cette négociation. Vous partez du mauvais pied.

La vie n'est pas un jeu à somme nulle

Un jeu à somme nulle, c'est un jeu où les gains de l'un constituent automatiquement des pertes pour l'autre. Par exemple, si vous jouez aux échecs, chaque victoire de votre adversaire constitue une défaite pour vous. Il ne peut pas y avoir deux gagnants ou deux perdants à ce jeu.

Quand vous supposez que la vie est un jeu à somme nulle, vous pensez que chaque concession vous coûte quelque chose et que l'autre y gagne nécessairement. Vous vous sentez bafoué ou exploité. Dans l'exemple du divorce, ça peut vouloir dire que vous considérez comme un cuisant échec chaque concession que vous faites parce que vous vous dites que l'autre a eu le dessus sur vous. Cette attitude vous transforme en guerrier et risque de vous faire passer à côté d'un règlement qui ferait deux gagnants. Vous êtes en quête de compétition et vous souhaitez vaincre.

Or, la vie n'est pas un jeu à somme nulle et ce n'est pas parce que vous faites une concession que vous devenez nécessairement un perdant. Apprenez à élargir la tarte et profitez des gains de votre vis-à-vis. L'attitude clé lors d'une négociation reste la collaboration. Vous désirez faire deux gagnants.

Qui va gagner, qui va perdre?

Prenons une situation qui m'est familière : un client du Saguenay me contacte pour que je donne une conférence. Il tient un événement le mercredi 5 juin et il aimerait que je parle pendant 90 minutes aux entrepreneurs de la région afin de les initier à une nouvelle vision de la gestion des ressources humaines. Je lui fais parvenir une proposition que j'établis à 4 000 $ plus les frais de déplacement.

Il me rappelle le lendemain pour me dire que son budget n'est que de 3 000 $ incluant les frais de déplacement. Nous voici devant un grand écart. Nous devons négocier. Qui va gagner, qui va perdre?

Il existe cinq attitudes possibles lors d'une négociation. Comme le démontre le graphique à la page suivante, celles-ci dépendent de deux facteurs : le niveau d'assertivité (niveau qui indique à quel point vos besoins doivent être comblés) et le niveau d'ouverture à l'autre (niveau qui indique à quel point vous souhaitez satisfaire l'autre et maintenir une bonne relation avec lui).

Alain Samson

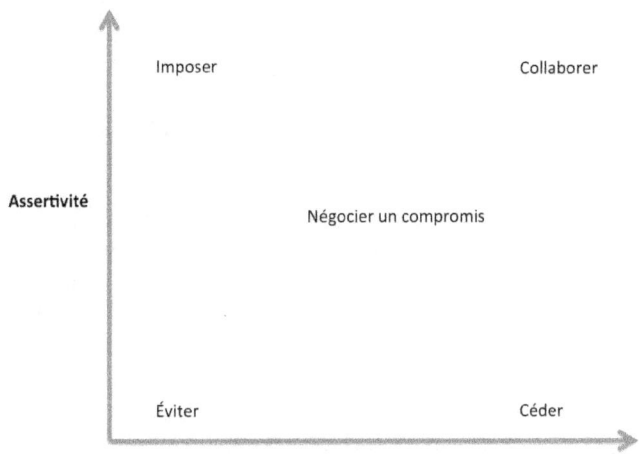

Tableau 3.1 Les cinq attitudes en négociation

Si je tiens absolument à mon prix et que je suis peu ouvert aux besoins de l'autre, je risque de vouloir **imposer** mon point de vue. À ce moment, je dirai à mon client que c'est à prendre ou à laisser. Dans ce cas, si son budget est vraiment de 3 000 $, il ne pourra avoir recours à mes services. Il devra trouver quelqu'un d'autre. J'aurai eu raison, mais aucun de nous n'aura vu ses besoins comblés. La démarche de l'autre ne sera pas terminée et j'aurai perdu un contrat. De plus, il est peu probable qu'il me contacte à nouveau même s'il a le budget.

Cependant, s'il est en mesure de trouver les fonds, il pourra me revenir et me dire que ma proposition est finalement acceptée. Mais ce sera sans doute la dernière fois que je pourrai le servir. J'aurai eu le dessus sur lui, mais il pourra nourrir du ressentiment à mon égard.

Cette stratégie peut être bonne en situation de crise, quand le temps nécessaire à la persuasion nous manque ou quand c'est certain qu'on n'aura plus jamais à négocier avec le client.

Si je déteste m'imposer et que construire une relation avec le client m'indiffère, je peux choisir **l'évitement**. Je ne le rappellerai pas. Même pas pour lui donner un prix ou pour lui faire une contre-offre. Je n'investirai pas d'efforts supplémentaires dans la relation. Je n'aurai pas le contrat, mais comme mon investissement aura été minimal, je pourrai me dire que c'était écrit dans le ciel et que j'ai joué de malchance. S'il ne me rappelle pas lui non plus, le projet cessera d'exister et fera de nous deux perdants. Le client n'aura pas son conférencier et je n'aurai pas mon cachet.

Si je tiens absolument à créer une relation avec ce client et que je suis prêt à sacrifier mes besoins, je vais **céder** à sa demande. Dans ce cas, le client sortira gagnant de la relation et j'aurai tout de même un cachet. Cependant, si celui-ci ne me donne pas une marge bénéficiaire suffisante et que je recours fréquemment à cette stratégie, je serai bientôt éjecté de ce secteur d'activité. Sans un minimum de profit, toute entreprise cesse d'exister. On ne peut pas constamment céder. On le fait de temps à autre, quand on considère que ce sera rentable à long terme.

Aussi, si je cède sur le prix et que je dois ensuite dire non à un client qui requiert mes services la même journée et qui a le plein budget, il est possible que j'en veuille à mon client du Saguenay, car il m'aura fait perdre une belle affaire. J'ai souhaité développer une bonne relation avec lui, mais, au bout du compte, je lui tiendrai rigueur.

Je pourrais également choisir de **négocier un compromis** avec mon client. Je pourrais par exemple proposer une contre-offre de 3 500 $ et suggérer que chacun fasse un bout de chemin. S'il dit oui, il aura tout de même épargné de l'argent et j'aurai gagné un mandat qui me laissera tout de même content. De plus, si je fais un bon travail, je risque de m'attirer d'autres mandats.

Finalement, si je tiens à mes objectifs et que je souhaite établir une relation de qualité avec ce client, je pourrais décider de collaborer. Après lui avoir enjoint de vérifier si son budget est vraiment de 3 000 $, je pourrais lui arriver avec quelques requêtes qui me permettraient d'accepter le mandat :

- Je pourrais lui suggérer de déplacer son événement un lundi, un jour où j'ai moins de demandes et qui vaut donc moins cher pour moi.

- Je pourrais lui proposer de m'offrir une publicité d'une page dans le programme distribué aux participants et de me mettre en contact avec un journaliste d'un média local afin que je donne une entrevue. Son coût serait très faible et l'investissement pourrait s'avérer avantageux pour moi.

- Je pourrais également suggérer une date où je serais dans la région, ce qui lui ferait économiser les frais de déplacement, et lui demander s'il me serait possible de vendre mes livres aux participants afin de compenser le cachet moindre que je suis prêt à accepter.

Dans tous ces cas, j'offre au client la possibilité d'atteindre ses objectifs sans que son budget devienne une entrave à notre relation. S'il accepte, il respectera son budget et je serai satisfait de l'entente. Nous sortirons tous les deux gagnants de cette négociation et il y a fort à parier que nous aurons hâte de négocier à nouveau ensemble.

Misez sur les motivations, pas sur la position de départ

Vous n'êtes pas là pour tirer avantage de votre vis-à-vis. Vous n'êtes pas là pour le voir perdre, vous laissant triomphant et vous concédant la victoire. Une première négociation, c'est le début d'une relation qui devrait donner d'innombrables fruits dans le futur. Cette première entente, c'est la saison des semailles. Sans elle, il ne peut y avoir de saison des récoltes.

Avec une attitude de collaboration, même les négociations qui semblent d'entrée de jeu vouées à l'échec peuvent s'avérer intéressantes. Il suffit de faire preuve d'un soupçon d'ouverture d'esprit et d'utiliser les autres techniques présentées dans ce livre.

Revenons un instant au divorce mentionné précédemment. Il s'agit d'une situation où l'une des deux parties souhaite gagner aux dépens de l'autre. Mais l'aveuglement appliqué à un tel enjeu peut facilement faire tout perdre à celui qui veut vaincre. Sera-t-il finalement satisfait quand il réalisera qu'il aura eu raison, mais qu'au bout du compte ce sont les avocats, avec leurs frais exorbitants, qui auront ramassé le patrimoine qu'il ne voulait pas partager?

En abordant les négociations avec une attitude de collaboration, même si c'est parfois difficile, vous évitez de vous tirer dans le pied.

Il arrivera même que le rapport de force vous soit favorable et que vous concédiez un peu de leste à votre vis-à-vis afin de le laisser respirer et de vous assurer qu'il fera encore des affaires l'an prochain. Si vous réalisez qu'un partenaire éventuel veut à ce point faire affaire avec vous et qu'il est prêt à y perdre des plumes, ce sera à vous de le protéger en lui disant que vous n'êtes pas là pour profiter de lui et qu'il devrait charger un peu plus cher.

Alain Samson

Ça vous semble étrange comme attitude? Dites-vous que quand les gens de votre réseau réussissent, vous prospérez également. Aidez les gens à réaliser leurs rêves tout en leur demandant de contribuer au vôtre. C'est là l'attitude initiale qui vous permettra d'attirer les meilleurs partenaires et de grandir avec eux.

Quatrième principe : informez-vous!

Si tu ne comprends pas, pose des questions.
Si poser des questions te met mal à l'aise,
dis-le et pose-les quand même.
— Chimamanda Ngozi Adichie

Vous arrive-t-il de trouver les autres bizarres? Avouez que oui. Mais plus encore, vous arrive-t-il de penser deviner leurs motivations pour vous apercevoir, plus tard, que vous n'étiez pas du tout sur la même longueur d'onde? Bien sûr que ça arrive. On préfère trop souvent croire à la télépathie plutôt que de poser des questions qui rendraient les situations claires et qui nous permettraient d'atteindre une solution gagnant-gagnant avec notre vis-à-vis.

Je me souviens d'une certaine négociation. Je devais donner une conférence et le client insistait pour filmer ma performance et avoir le droit de distribuer le film par la suite. J'aurais normalement dû dire non et déclarer la négociation terminée. Après tout, c'est mon contenu et je ne veux pas qu'on le diffuse partout sans raison. Mais si j'avais dit non, je n'aurais pas obtenu le mandat.

Au lieu de déclarer que les négociations étaient closes, j'ai demandé au client pourquoi il avait cette exigence. Il m'a répondu que dans son ministère, des gens étaient en poste en région et le règlement exigeait que tous aient accès au contenu de ma conférence.

J'ai été rassuré et je lui ai dit que ce serait avec plaisir que, à la suite de la conférence qui ne serait pas filmée, j'offrirais un webinaire (une formation offerte sur Internet) pour les employés lointains présentant le même contenu, pour un supplément ridicule. Le client a accepté et j'ai eu le mandat.

Si je n'avais pas tenté de comprendre ses motivations, j'aurais soit accepté que mon contenu soit diffusé partout, soit refusé un bon mandat. En tentant de comprendre les motivations de mon client, j'ai pu trouver une solution faisant de nous deux gagnants. Au lieu de me rebiffer, j'ai simplement posé quelques questions. Malheureusement, les négociateurs ignorent souvent l'importance des questions.

Le questionnement

Le questionnement constitue à la fois une méthode pour recueillir de l'information et une technique pour forcer notre interlocuteur à adopter un autre point de vue, à penser d'une autre manière. Ayez recours au questionnement dans les cinq situations suivantes :

1. Apprendre
Si vous avez besoin d'un conseil, s'il vous manque une information pour prendre une décision, posez des questions. C'est la façon la plus rapide de mettre la main sur l'information recherchée.

2. Confirmer une perception
Interrogez l'autre pour vous assurer que votre perception correspond bien à la réalité. Des phrases telles que « Si je vous comprends bien, vous dites que... » ou « Dites-le-moi si je me trompe, mais il me semble que... » vous aideront à confirmer les propos de l'autre et à éviter toute confusion.

3. Orienter une conversation
Quand une conversation ne mène à rien, quand votre interlocuteur n'arrête pas d'ouvrir des parenthèses qui n'en finissent

Alain Samson

plus et que ses propos sont confus, utilisez le questionnement pour orienter la discussion, à la manière d'un ordre du jour. Vous pouvez dire « C'est bien beau tout ça, mais que devons-nous faire pour améliorer la situation? » ou toute autre phrase qui permet de sortir du cercle chronophage des digressions.

4. Provoquer la visualisation

Poser des questions vous servira surtout en situation de négociation ou de vente. En demandant au client quelle couleur il préfère, vous le forcez à s'imaginer propriétaire de ce que vous souhaitez lui vendre. En demandant au négociateur combien de kilomètres le séparent de son domicile, vous lui rappelez que, s'il veut arriver chez lui avant 19 h, il est temps d'en venir à un accord. En demandant à vos employés ce qu'ils souhaitent faire avec leur prime s'ils atteignent leur objectif du mois, vous les poussez à l'action. Quand vous utilisez le questionnement pour provoquer la visualisation, votre vis-à-vis fait la moitié du travail de persuasion.

5. *Étoffer* le dossier de négociation

Dans certaines situations de négociation, il arrivera que vous n'ayez pas assez d'information pour utiliser efficacement vos arguments. En posant les bonnes questions (« Comment doit se faire le travail? », « Quel est le délai pour chaque étape? »...), vous trouverez des arguments qui renforceront votre position.

Par exemple, si vous avez appris que le travail prend au minimum six semaines et que vous souhaitez faire pression sur l'entrepreneur, il vous suffira de lui dire que vous avez besoin qu'il soit terminé d'ici un mois. Pour mieux faire passer l'attente de six semaines, l'entrepreneur se sentira peut-être ainsi obligé de faire une concession pour compenser cette fausse attente. Nous traiterons de cet aspect plus loin.

Malheureusement, il y a de nombreux obstacles au questionnement. Dans son excellent ouvrage *The Negociating*

Game sur la négociation, Chester L. Karrass en nomme une dizaine. Parmi ceux-ci, il y a la tendance que nous avons à éviter de poser des questions qui révéleront notre ignorance ou qui embarrasseront l'autre partie. Selon cet auteur, nous sommes également gênés de poser une question qui montre que, ne serait-ce qu'une minute, nous avons cessé de prêter attention à ce que l'autre disait. Finalement, comme nous aimons davantage parler qu'écouter, nous sommes parfois plus motivés à poser une question qu'à écouter la réponse.

Les types de questions

Selon votre objectif et le but de la communication, vous utiliserez divers types de questions. En voici quelques-uns :

La question fermée
Posez une question fermée quand vous savez exactement de quelle nature est l'information que vous recherchez. La question fermée est factuelle et expéditive; elle commande une réponse immédiate. Voici des exemples : « Quand l'as-tu expédié? », « As-tu terminé avec le dossier Biron? », « Sa dernière facture a-t-elle été payée? » Une question fermée va droit au but et n'invite pas l'interlocuteur à produire une réponse élaborée. C'est une question qui sert surtout à accumuler de l'information en vue de prendre une décision.

La question ouverte
Également destinée à favoriser la prise de décision, la question ouverte est moins expéditive que la question fermée. Celui à qui vous la posez doit réfléchir avant de vous répondre. C'est une question du genre « Que penses-tu de notre stratégie? » ou « Que ferais-tu à notre place? » Si vous posez une question ouverte, ne soyez pas surpris si votre interlocuteur prend quelques instants de réflexion avant de répondre. Ne brisez pas le silence avant qu'il ait répondu!

Alain Samson

La question de fermeture

C'est une question qui en sous-tend une autre. Si, par exemple, vous demandez à un client s'il souhaite que la livraison soit effectuée le lundi ou le mercredi et qu'il vous répond, cela sous-entend qu'il prend votre produit. Il ne vous reste alors qu'à faire la facture.

La question labyrinthe

C'est un bombardement de questions qui laisse votre interlocuteur pantois. Elle est composée de multiples sous-questions qui ne commandent pas la même réponse. Vous demandez par exemple « Préférez-vous la noire? Voulez-vous que la livraison soit effectuée mardi? À quel nom dois-je faire le bon de commande? » Que doit répondre votre interlocuteur s'il la préfère blanche et que mardi lui sied? Voici un autre exemple. Vous vendez des voitures et vous demandez à votre client s'il préfère la petite voiture rouge ou la grande voiture bleue. S'il veut acheter la petite voiture bleue, il sera confus par votre question, l'espace de quelques secondes.

Vous serez certainement tenté d'utiliser la question labyrinthe en pleine négociation, quand vous souhaiterez éviter un sujet tout en pouvant affirmer plus tard qu'il a été évoqué. Ce type de question est généralement à proscrire parce qu'il mène au malentendu et aux accords gagnant-perdant.

Comment questionner? : 12 conseils

1. Ne posez pas de questions agressives à moins de chercher un conflit. Rappelez-vous que vos efforts doivent porter sur votre objectif commun. En attaquant à votre vis-à-vis, vous vous le mettez à dos.

2. Ne posez pas une question dans le simple but de démontrer à quel point vous êtes intelligent. Vous ne participez pas à un concours de variétés.

3. N'annulez pas les effets d'une bonne question parce qu'une nouvelle question vous brûle les lèvres. Laissez le temps à votre interlocuteur de répondre à chacune d'elles. Vous êtes là pour écouter, pas pour faire étalage de votre savoir.

4. Au moment d'une négociation, préparez quelques questions. Vous ne devez pas bafouiller parce que vous ne savez pas quoi dire.

5. Si vous ignorez une information, ayez le courage de poser des questions. N'ayez pas peur d'avoir l'air ridicule. Mieux vaut avoir l'air ridicule que de se faire rouler.

6. Revenez à la charge si l'on a mal répondu à votre question. Vous pouvez être sur le point de découvrir la faiblesse de votre vis-à-vis.

7. Si la réponse de votre interlocuteur est évasive, il a probablement quelque chose à cacher.

8. Ne négligez pas les autres sources d'information. Si vous souhaitez par exemple louer un local commercial, les autres locataires vous fourniront peut-être des arguments utiles à la négociation.

9. Ne posez pas de questions qui mettent en doute l'honnêteté de votre vis-à-vis. Comment réagiriez-vous face à un négociateur qui vous demanderait si vous avez un casier judiciaire?

10. Regardez votre interlocuteur dans les yeux quand vous posez une question. Si vous fixez le plancher, vous montrez que la question est sans intérêt.

11. Regardez également votre interlocuteur quand il vous répond. C'est un signe évident de respect et c'est

Alain Samson

également la meilleure façon d'écouter. Rappelez-vous les secrets de l'écoute active.

12. Après avoir posé une question, taisez-vous. Comment voulez-vous que votre interlocuteur vous réponde si vous n'arrêtez pas de parler?

L'importance du silence

Ce dernier point mérite qu'on s'y arrête. Les vendeurs en particulier ont peur du silence. S'ils posent une question et qu'ils n'obtiennent pas de réponses en l'espace de 30 secondes, ils se croient obligés de reprendre l'initiative de la conversation.

Ne craignez pas le silence. Il est normal que votre interlocuteur prenne quelques instants pour réfléchir. Il peut être en train de se demander comment il va vous payer, comment il va faire accepter votre offre à ses patrons ou quel jour il souhaite recevoir sa livraison. Si vous l'attaquez avec une nouvelle question, il sombrera dans la confusion et vous n'en tirerez plus rien. Apprenez à dominer votre crainte du silence. Celui qui réfléchit n'a pas rejeté votre offre.

Cinquième principe : écoutez!

*Écouter les autres, c'est encore ma meilleure façon
d'entendre ce qu'ils disent.*
— *Pierre Dac*

À quoi bon poser des questions si vous n'écoutez pas les réponses? Trop souvent, en négociation (et dans la vie en général), on pose des questions en pensant qu'on connaît la réponse ou pour faire taire l'autre. En conséquence, on n'écoute pas les réponses, on n'apprend rien et la rencontre n'avance aucunement. C'est ce qu'on appelle un dialogue de sourds.

L'écoute active constitue la plus importante habileté personnelle, celle sur laquelle reposent toutes les autres. Écouter activement, c'est plus que simplement entendre. C'est s'efforcer, à chaque instant, de bien comprendre le sens, la signification véritable de ce que l'autre nous communique. C'est être à l'écoute du sens, et non simplement des mots.

Malheureusement, parce que nous avons l'impression d'être un professionnel de l'écoute (après tout, dès notre jeune âge, nos parents nous demandent d'écouter), nous avons tendance à ne pas fournir d'effort dans ce domaine. Il est difficile d'écouter. C'est un travail intense. Plusieurs raisons rendent l'écoute difficile.

L'une d'elles est liée au débit de la personne que vous écoutez. En moyenne, un individu prononce environ 200 mots par minute tandis que le cerveau a la capacité d'en capter 500. Si une personne parle très rapidement, nous sommes entièrement à l'écoute de ce qu'elle dit. Mais si elle parle plus lentement, notre cerveau divague et se met à réfléchir à autre chose. Vous penserez à ce que vous ferez au cours du weekend, vous vous demanderez si vous avez bien fermé le robinet avant de quitter la maison ou si vos phares sont bien éteints, vous songerez à ce que vous allez porter au prochain party de Noël. Toutes ces pensées minent votre écoute et vous empêchent de bien comprendre ce que dit l'autre. Écouter demande de l'effort et de l'attention.

Une seconde raison qui rend l'écoute difficile provient du fait que, traditionnellement, il est plus valorisant de parler que d'écouter. C'est le patron qui parle et les employés qui écoutent. Celui qui parle tient le haut du pavé et plusieurs, pour ne pas se cantonner dans le rôle de l'écoutant, unissent leurs efforts pour argumenter ou pour interrompre leur interlocuteur.

Une troisième difficulté veut qu'on soit tellement sûr d'avoir raison que, par conséquent, écouter l'autre constitue une perte de temps.

Finalement, l'intérêt que vous portez à votre relation avec celui qui parle et l'intérêt que vous avez pour vos propres objectifs peuvent également modifier votre style d'écoute. Selon l'endroit où vous vous situez dans la figure 3.1, vous n'écouterez pas de la même façon.

Les 4 raisons qui incitent à bien écouter

Pourquoi écouteriez-vous puisque vous savez déjà tout ? Justement, il se peut que ça ne soit pas le cas et que vous soyez avantagé d'écouter votre vis-à-vis.

1. Pour recevoir l'information dont vous avez besoin.
Que ce soit pour monter un projet, régler un problème ou savoir ce qui se passe dans votre entreprise, vous devez être à l'écoute d'autrui. Si vous adoptez un style « Ah-hum », les

autres cesseront de vous parler et vous serez rapidement isolé dans votre propre entreprise.

2. Pour éviter les pertes de temps et les erreurs.

Si vous écoutez bien la première fois, vous ne risquez pas d'avoir mal compris et de faire des erreurs. Vous ne vous enliserez pas non plus dans des discussions oiseuses et d'interminables négociations pour vous rendre compte, au bout de quelques heures, que vous et votre interlocuteur partagez la même opinion.

3. Pour augmenter votre crédibilité.

Dans une situation de vente, ce n'est pas en parlant, mais bien en écoutant que nous augmentons la confiance de notre client envers nous. Le commerçant qui ne cesse de parler donne l'impression de vouloir enterrer son client sous une tonne d'arguments. Mais celui qui écoute attentivement décèle rapidement les besoins que son client veut combler et utilise ensuite les arguments de vente appropriés. En écoutant, vous aidez l'autre à acheter. C'est beaucoup plus intéressant que de vendre à pression.

4. Pour diminuer la résistance de l'autre.

Que ce soit en situation de négociation ou de vente, celui que vous ne connaissez pas est nerveux. Il sait que vous souhaitez le pousser à acheter votre produit ou à obtenir une concession majeure. Mais si vous l'écoutez, une complicité s'installera entre vous et sa résistance diminuera.

De plus, en négociation surtout, viendra un moment où votre interlocuteur laissera entendre ce qui manque à votre proposition pour qu'elle soit acceptée. Si vous êtes à l'écoute, il ne vous restera plus qu'à saisir cette perche et à clore la négociation. Si vous n'écoutez pas, vous retournerez à la case départ.

Les 10 commandements du bon écoutant

Il existe une grande différence entre écouter et entendre. Tout comme il en existe une énorme entre le fait de tenter de comprendre votre interlocuteur ou simplement laisser les sons qu'il émet frapper vos tympans. Découvrons ici les 10 commandements du bon écoutant.

1. Tu seras présent.
Cessez d'ouvrir votre courrier, ne balancez pas la jambe impatiemment et ne jetez pas de regard à votre montre toutes les 30 secondes. Pour bien écouter, vous devez être présent, tant physiquement que mentalement. Si vous êtes fatigué ou préoccupé, dites à votre interlocuteur, si vous croyez cela possible, que vous n'êtes pas en mesure de discuter avec lui pour l'instant et fixez immédiatement un autre rendez-vous.

2. Tu tenteras de te mettre à sa place.
Si vous souhaitez vraiment comprendre ce que dit l'autre, vous devez vous mettre à sa place. Tentez de voir la situation à travers son regard. Vous serez plus en mesure de comprendre sa façon d'agir et de saisir la nature de ses arguments.

3. Tu encourageras l'autre *à s'exprimer.*
Plusieurs personnes ont besoin d'exprimer ce qu'elles ressentent pour le comprendre. C'est à force de dire ce qu'elles pensent qu'elles arrivent à mettre tous les morceaux en place et qu'elles finissent par saisir ce qui les motive. L'utilisation de mots qui incitent l'autre à s'exprimer (« Ah oui! Peux-tu m'expliquer? ») et l'adoption d'une attitude non verbale qui montre votre intérêt poussera votre interlocuteur à continuer à parler et lui fera prendre conscience de choses dont il ne s'était pas encore rendu compte. La personne qui vient vers vous pour vous faire part d'un problème trouvera peut-être la solution par le simple fait qu'elle vous l'a exposé.

Alain Samson

4. Tu demanderas des explications.

Nous avons déjà mentionné le danger représenté par les préjugés et la tendance à sauter aux conclusions. Un bon écoutant s'assure que ses conclusions sont valables en demandant des explications à son vis-à-vis. Si vous demandez à un client pourquoi il n'est pas satisfait, il vous répondra et vous apprendrez du même coup comment vous pourrez, dorénavant, répondre à ses besoins.

5. Tu paraphraseras.

L'usage de paraphrases indique à votre interlocuteur que vous tentez de comprendre ce qu'il dit. Pour ce faire, utilisez une phrase du style : « Si j'ai bien compris, il semble que... » En paraphrasant, vous retournez à celui qui parle l'essentiel du message qu'il vient de vous livrer pour le valider. En outre, vous faites la preuve que vous écoutez. Faites cependant attention! Vous ne devez pas répéter bêtement ce que l'autre dit. Si vous voulez vérifier votre compréhension de son message, c'est dans vos propres mots que vous devez reformuler ses propos.

6. Tu ne jugeras pas.

Vous êtes là pour comprendre et non pour juger. Vous devez vous baser sur les faits, et non sur la personne. Nous traiterons de cette facette de l'écoute quand nous parlerons de rétroaction Retenons simplement pour l'instant que, si vous jugez votre interlocuteur, il va immédiatement se replier et ce sera la fin de la communication.

7. Tu résumeras ce qui a été dit.

À la fin de l'échange, résumez en quelques mots l'essentiel de la conversation en faisant ressortir les idées principales. Cela vous aidera, surtout si votre interlocuteur est confus et qu'il passe du coq à l'âne sans faire de liens entre toutes les idées qu'il vous présente. L'utilisation de phrases telles que « Pour résumer, tu aimerais que... », « Quant à moi, je penche plutôt pour... » vous assurera que vous avez bel et bien compris ce que l'autre souhaitait communiquer.

8. Tu t'en tiendras aux faits.

Vous ne devez pas deviner ce que l'autre pense. Sinon, vos conclusions seront teintées par vos biais personnels. Tenez-vous-en à ce qui est observable et tentez, par la reformulation et la paraphrase, de vous assurer continuellement que vous avez bien saisi ce que l'autre vous a dit.

9. Tu ne feras pas dévier la conversation.

Il peut être tentant, quand certaines affirmations rendent mal à l'aise, de faire dévier la conversation vers d'autres sujets, que ce soit le temps qu'il fait, votre prochain tournoi de golf ou votre appendicectomie. Résistez, sinon vous donnerez à l'autre l'impression que ce qu'il dit ne vous intéresse pas et qu'à tout prendre vous préféreriez qu'il aille faire perdre son temps à quelqu'un d'autre.

10. Tu seras le miroir des sentiments de l'autre.

Votre interlocuteur veut communiquer ses sentiments à propos d'une situation. Il se sent peut-être incertain par rapport à un achat qu'il doit effectuer. Il est peut-être en colère contre un collègue. En reformulant son sentiment (« Cet achat est important pour vous et vous ne voulez pas vous tromper » ou « Tu es fâché parce que tu crois que Patrick t'a volé un client »), vous montrez que vous avez compris et vous lui faites prendre conscience des sentiments qui l'habitent.

Alain Samson

Sixième principe :
apprenez à inspirer confiance

Si tu as confiance en toi-même,
tu inspireras confiance aux autres.
— Goethe

Vous est-il déjà arrivé de devoir négocier avec quelqu'un en qui vous n'aviez pas du tout confiance? Si c'est le cas, ce manque de confiance a certainement eu une influence sur votre comportement de négociateur :

- Vous ne vous êtes pas ouvert de peur que l'autre abuse de vous.

- Vous avez remis en question chacune de ses affirmations.

- Plus la rencontre avançait, moins vous lui faisiez confiance.

- Vous n'étiez pas du tout surpris de réaliser, en fin de négociation, que vous n'étiez pas arrivés à vous entendre.

Savez-vous quoi? C'est la même chose que ressentiront les personnes avec qui vous serez appelé à négocier tant et aussi longtemps que vous n'aurez pas appris à leur inspirer confiance. Il s'agit là d'un enjeu majeur. Voyons de quoi il en retourne.

L'équation de la confiance

Mais qu'est-ce qui déclenche la confiance? Vous êtes-vous déjà demandé ce qui fait que vous faites confiance à certaines personnes et que vous restez fermé aux arguments d'autres personnes? L'équation suivante devrait vous aider à y voir plus clair et à élaborer une stratégie qui vous permettra plus efficacement de faire naître cette belle émotion chez les gens que vous côtoyez.

Confiance = compétence perçue x bienveillance perçue

Cette équation est très puissante et elle vaut la peine qu'on s'y attarde. Imaginons que vous négociez avec une personne dont vous doutez fortement de la compétence. Arriverez-vous à lui faire confiance, même si elle semble vouloir votre bien? Pas du tout.

Quand bien même vous lui attribuez une note de 100 % au niveau de la bienveillance perçue, sa note de 0 % au chapitre de la compétence perçue fait en sorte qu'elle obtient un résultat de 0 % sur le plan de la confiance (0 x 100 = 0). Le contraire est également vrai : une personne compétente ne provoque pas la confiance si elle est perçue comme égoïste et malveillante.

Pour faire confiance à un individu, il faut que vous le perceviez à la fois comme compétent (en mesure de réaliser ce qu'il promet) et bienveillant (soucieux de votre bien-être). C'est le même défi que vous devez relever chaque fois que vous négociez.

Remarquez qu'il s'agit là de compétence et de bienveillance *perçues*. Vous aurez beau être le plus compétent, si vos vis-à-vis n'en sont pas conscients, ça ne vous servira pas. Idem pour la bienveillance. Vous devez donc prouver que vous êtes

Alain Samson

à la fois compétent et bienveillant pour éveiller la confiance des gens. Voici des trucs pour y arriver.

Faites grandir votre compétence perçue

Il existe en psychologie sociale un phénomène appelé l'autorité. Une personne perçue comme une autorité dans son domaine ou pourvue des apparats de l'autorité verra immédiatement grimper sa compétence perçue.

Maîtrisez-vous bien le vocabulaire associé à votre profession? Est-il évident que vous savez ce dont vous parlez? Si vous êtes dentiste, votre apparence ressemble-t-elle à celle que se font les patients ou avez-vous plutôt l'air d'un bûcheron? Bref, donnez-vous l'impression d'être à votre place? Si c'est le cas, votre compétence perçue sera bonne.

Voyons d'autres tactiques destinées à faire grandir votre crédibilité.

L'utilisation du CV de vos personnes-ressources
Si vous visitez une maison pour en faire l'acquisition et que vous êtes accompagné d'un ami entrepreneur, ne le présentez pas simplement comme un ami. Présentez-le comme un spécialiste du bâtiment. Nommez quelques-unes de ses réalisations et la liste des associations dont il fait partie. De cette façon, le vendeur ne remettra pas en doute ce que dira votre spécialiste sur les travaux à effectuer.

Utilisez le CV de vos personnes-ressources chaque fois qu'elles participent à une négociation. Les gens éprouvent de la difficulté à mettre en doute la parole d'un spécialiste.

L'ouverture de vos livres
Si vous tentez de vendre votre entreprise, offrez à tout acheteur potentiel l'accès à vos livres comptables. Si vous souhaitez vendre votre voiture, présentez votre facture d'achat

à l'acheteur pour lui montrer que vous lui faites un excellent prix. Si l'un de vos employés vous demande une augmentation de salaire, montrez-lui vos états financiers intérimaires pour lui prouver que vous n'en avez pas les moyens.

Le fait de révéler des renseignements privilégiés invite l'autre à se mettre à votre place. Il lui sera difficile d'argumenter s'il a des documents officiels sous les yeux. Si votre raisonnement et votre présentation tiennent debout, vous arriverez ainsi à convaincre l'autre partie.

Évitez toutefois d'avoir recours à cette tactique si votre vis-à-vis est susceptible de communiquer ces renseignements à un concurrent. Rappelez-vous que le pouvoir se cache dans l'information. N'armez personne si ça risque de nuire à vos intérêts à long terme.

L'usage de statistiques et de ratios
Vous augmenterez également votre crédibilité si vous connaissez les statistiques ou les ratios les plus pertinents liés à votre domaine. Par exemple, pour obtenir un prêt, la capacité de vous comparer aux ratios de l'industrie vous donnera une assurance devant votre directeur de compte. Elle prouvera que vous maîtrisez votre dossier et que vous savez où vous allez. Vous trouverez ces ratios au moment de votre collecte d'informations auprès des organismes gouvernementaux ou de votre association sectorielle.

Les ratios sont d'autant plus faciles à établir qu'il y aura toujours une statistique pour appuyer ce que vous souhaitez démontrer. L'art de jongler avec les ratios, c'est l'habileté à choisir ceux qui vous avantagent. Si vous n'êtes pas d'accord, jetez un coup d'œil au prochain bulletin de nouvelles et observez les politiciens de partis opposés traiter de la même nouvelle.

Alain Samson

Finalement, si vous voulez désarçonner un négociateur qui vous enterre de statistiques dont vous doutez, demandez-lui sa source et notez-la. Si ce qu'il avance n'est pas fondé, il ne tardera pas à réorienter la discussion vers d'autres sujets moins susceptibles de miner sa crédibilité. Vous l'aurez muselé.

La liste de vos clients
Si vous comptez parmi votre clientèle des compagnies prestigieuses ou des références susceptibles d'impressionner vos vis-à-vis, n'hésitez pas à dresser une liste de personnes à qui ils pourront s'adresser pour connaître la qualité de votre travail. Une référence donnée par un tiers est trois fois plus crédible que votre meilleure présentation. Le tiers qui propose votre nom n'a rien à gagner, mais il a tout à perdre s'il est de mauvais conseil. Ajoutez également à vos envois postaux une lettre de recommandation présentant les commentaires d'un client satisfait.

Faites grandir votre bienveillance perçue

Comment donner l'impression à votre vis-à-vis que vous souhaitez vraiment arriver à une entente gagnant-gagnant et lui prouver que vous n'avez pas envie d'abuser de lui? Votre attitude en fera foi. Si vous avez opté pour la collaboration, il le sentira. Au besoin, relisez le troisième principe à ce sujet.

Ensuite, dotez-vous du langage non verbal de la personne bienveillante. Adoptez une posture ouverte. Souriez. Assurez-vous que votre corps soit face à l'autre afin de ne pas lui donner l'impression que vous préféreriez être ailleurs. Évitez également de regarder l'écran de votre ordinateur ou de prendre vos courriels pendant qu'il vous parle.

Aussi, ne perdez jamais de vue ses objectifs et ce qu'il espère gagner au sortir de la négociation. Si vous n'en avez aucune idée, il serait bon de le lui demander au début des négociations. Sinon, vous naviguerez à l'aveuglette et ça peut être très dangereux. En vous informant, vous aiderez votre vis-à-vis à prendre conscience des enjeux de la négociation. Vous pourrez même lui rappeler ce qu'il a à gagner à mesure que vous progresserez. Ce sera utile quand il doutera de la possibilité que vous en veniez à un accord.

De plus, trouvez-vous des points en commun. Cela aura pour effet de vous rapprocher. Aimez-vous les mêmes équipes sportives? Avez-vous étudié au même endroit? Et surtout, quels sont vos objectifs et vos intérêts communs dans cette négociation? Cela vous permettra par la suite de parler au « nous » au lieu de parler au « je » et au « tu ». Ainsi, vous serez dans la même équipe et encore plus près l'un de l'autre.

Ces deux éléments (les points en commun et le discours au « nous ») concrétiseront le fait que vous n'êtes pas des adversaires, mais une équipe travaillant à un objectif commun. Ce sentiment réduira les risques que l'autre mette fin aux négociations même si certaines concessions ne font pas son affaire et l'amènera à poursuivre la négociation parce que, au fond, vous êtes ensemble.

N'hésitez pas non plus à remarquer les bons coups de votre vis-à-vis, à le féliciter. Il est arrivé à l'heure malgré les embouteillages? Il a su produire à temps un document? Il a partagé avec vous ses rêves de vacances avec son conjoint ou sa bien-aimée? Il vous parle de ses projets de retraite une fois qu'il vous aura vendu l'entreprise?

Toutes ces nouvelles méritent d'être soulignées. Chaque fois que vous émettez un compliment fondé, vous démontrez que vous êtes à l'écoute de l'autre et que vous l'estimez. De plus, chaque comportement que vous félicitez a de grandes chances d'être répété. Attendez-vous donc à ce qu'il soit encore une fois à l'heure à la prochaine rencontre et qu'il ait en sa possession les documents promis.

Alain Samson

Rassurez-vous : nous ne vous encourageons pas à jouer les flagorneurs. Si vous êtes aux aguets, vous saurez trouver des raisons de féliciter l'autre. C'est l'une des beautés de la nature humaine : nous méritons tous d'être admirés. Il suffit de regarder au bon endroit.

Vous paraîtrez également bienveillant si vous vous assurez de ne pas faire perdre la face à votre vis-à-vis. Par exemple, s'il avance une statistique et que vous savez qu'il se trompe, il pourrait être tentant de la lui mettre en plein visage. La tentation peut être encore plus forte si des membres de son équipe sont présents. Mais vous y gagnerez rarement. Contentez-vous d'acquiescer et aidez-le en lui disant que de nouvelles informations sont apparues à ce sujet et que vous aimeriez les lui communiquer. De cette manière, il pourra réagir à la lumière de ces *nouvelles informations* et changer sa position ou sa stratégie en conséquence.

Assurez-vous également de rappeler tous les points sur lesquels vous êtes d'accord. Ne mettez pas l'accent sur vos différences, mais sur les similitudes de vos deux positions. Vous n'êtes pas un extraterrestre impossible à comprendre. Vous partagez ses espoirs et son désir de succès.

Finalement, ne perdez pas de vue que l'autre est important pour vous. Il a la clé qui vous aidera à atteindre vos objectifs, mais, plus encore, il est un partenaire qui aura un impact sur le reste de votre vie. Vous aurez certainement à le croiser tout au cours de votre carrière. Soit il vous aidera, soit il vous nuira; son attitude dépendra du souvenir qu'il conservera de vos rencontres. Assurez-vous que ces souvenirs sont positifs.

Votre crédibilité est votre plus puissant atout lors d'une négociation (et dans toute votre carrière). Elle repose sur deux bases : votre compétence perçue et votre bienveillance perçue. Gardez cette réalité en tête avant même de vous présenter à la table des négociations. Que pouvez-vous faire pour inspirer confiance? Quels gestes poserez-vous pour y arriver?

Évitez surtout de sacrifier cette confiance pour quelques gains à court terme. On se souvient toujours de ceux qui ont joué les filous. Ils demeurent étiquetés. Misez sur votre professionnalisme et votre désir de demeurer un partenaire de qualité avec qui les autres ont envie de négocier.

Le monde est très petit. Même si vous comptez ne jamais avoir à renégocier avec une personne, votre comportement envers elle trouvera écho chez vos futurs vis-à-vis. Votre réputation vous précédera.

Alain Samson

Septième principe :
encouragez l'autre à s'ouvrir

Dis-moi ce qui ne va pas.
— Enrico Macias

Vous avez l'impression que votre négociation est un monologue? Vous êtes arrivé avec une attitude de collaboration, mais toutes vos tentatives se sont soldées par un échec? Vous avez l'impression que votre interlocuteur est une huître? Il ne veut rien dire? Il ne veut pas s'ouvrir? En conséquence, vous n'avez aucune idée de ses attentes, de ses souhaits, des contraintes auxquelles il fait face et des concessions qu'il peut se permettre pour que son groupe de pression soit fier de lui?

Le pire, c'est qu'il ne sait pas ce qu'il perd. Il n'a aucune idée de ce qu'il gagnerait s'il vous transmettait l'information qui vous manque afin que vous lui présentiez une offre satisfaisante. Mais, comme le veut l'expression, *it takes two to tango*. Tant qu'il ne vous dira pas ce qui le retient de participer à la négociation, celle-ci n'ira nulle part.

Comment l'amener à s'ouvrir? C'est ce que nous verrons. Si vous avez omis de suivre les recommandations afin de mieux inspirer confiance, il est normal que l'autre soit réticent à vous parler. Lisez ou relisez la partie précédente.

Vous voici donc aux prises avec un défi que vous n'aviez pas prévu : tenter de collaborer avec un vis-à-vis qui ne collabore pas. Vous savez ce qui se passe dans sa tête? Il a peur que vous utilisiez l'information qu'il va vous transmettre pour le manipuler. Il craint de paraître vulnérable et il n'en a absolument pas envie.

Votre stratégie, dans ce cas, doit être de *donner l'exemple* et de partager de l'information sans qu'il vous le demande. Quels sont vos intérêts? Vos contraintes? Qu'est-ce qui fait que vous avez envie de vous engager dans cette négociation? Quelles sont vos craintes s'il advenait que vous n'en arriviez pas à un accord?

Vous pouvez vous ouvrir un peu sans partager d'informations stratégiques. Prenez l'initiative et prouvez que ce n'est pas la fin du monde d'exposer ce qui vous trotte dans la tête. Vous activerez ainsi la réciprocité chez l'autre (nous parlerons davantage de ce phénomène plus loin). De quoi aurait-il l'air, en effet, si vous partagiez de l'information et qu'il ne le faisait pas en retour?

Remarquez qu'il y aura des fois où vous aurez intérêt à lancer le bal. Nous y reviendrons plus tard, mais vous gagnerez à lancer un prix en premier car celui-ci deviendra le prix de référence et il aura un impact sur le reste de la négociation. Pour l'instant, assurez-vous d'être présent et de vous faire familier.

Par ailleurs, ne réagissez pas en vous refermant, en imitant l'autre. Vous ne feriez qu'encourager le mutisme. Posez plutôt des questions et jouez les investigateurs.

Si rien n'y fait et que vous tenez à cette négociation, il est temps de recourir à un puissant outil de communication : le feedback (ou la rétroaction).

Le feedback

Donner du feedback, c'est réagir positivement ou négativement au comportement de l'autre. Le feedback peut être positif (dire à quelqu'un que sa performance est appréciée) ou négatif (dire à quelqu'un que tel comportement ne sera plus toléré). Nous étudierons dans cette section les raisons pour lesquelles on donne du feedback et nous analyserons les attributs d'un bon feedback.

Pourquoi donner du feedback?

Voici cinq raisons qui justifient de développer l'habitude d'offrir une rétroaction aux gens avec qui vous négociez.

1. Renforcer un comportement

Si vous êtes satisfait du rendement d'un collaborateur, pourquoi ne pas le lui dire? Si l'un de vos vendeurs a rapidement dépassé son objectif de vente, ne serait-il pas motivé s'il le savait? Trop souvent, on se retient d'encourager les gens parce qu'on se dit qu'ils se laisseront aller. C'est faux! Voguer à l'aveuglette est décourageant. Savoir où nous en sommes, ce qu'on attend de nous et quelle opinion nos collaborateurs entretiennent à notre égard est très motivant. Si vous apprenez à donner du feedback positif aux autres, ils travailleront encore plus pour vous.

2. Modifier un comportement

Il en va de même pour celui qui n'a pas un rendement satisfaisant. Si on le lui dit, il aura la chance de s'améliorer. Trop souvent, celui dont le rendement est insatisfaisant est maintenu dans l'ignorance. Il se dit que si personne ne lui fait de reproches, c'est qu'il fait bien son boulot. Imaginez sa surprise quand il est mis à pied!

Le feedback peut être un instrument de négociation très puissant. Si, par exemple, le négociateur qui vous fait face utilise une tactique peu éthique, vous pouvez carrément vous retirer de la négociation en disant que vous n'avez pas envie de continuer dans ce contexte. Si la partie adverse tient à ne pas subir d'échecs au moment des pourparlers, ce feedback peut carrément changer l'allure de la négociation et le comportement des négociateurs.

3. Informer

Il est tentant pour un entrepreneur de retenir l'information. De cette façon, il s'assure de demeurer la personne la plus importante de l'entreprise. Tous doivent alors se tourner vers lui quand il faut prendre une décision et l'entrepreneur est ainsi assuré de savoir tout ce qui se passe dans l'organisation.

Ce besoin de contrôler, s'il ne nuit pas au début, peut rapidement devenir un frein à la croissance de l'entreprise. L'entrepreneur devient un goulot d'étranglement qui ralentit tous les autres processus. De plus, le temps qu'il passe à répondre aux questions ne peut être utilisé à la prospection de nouveaux marchés et à l'analyse de nouvelles possibilités.

Si vous avez des statistiques sur le taux de satisfaction de la clientèle, sur les accidents de travail ou encore sur le taux de rejet de pièces défectueuses, vous gagnerez à communiquer cette information. Ainsi, les employés de bureau qui voient le taux de satisfaction de la clientèle chuter réagiront. Ils tâcheront d'en trouver les causes et prendront les mesures nécessaires pour mieux servir la clientèle. L'information constitue un puissant outil de communication. Ne laissez pas votre vis-à-vis dans l'ignorance.

4. Punir

Les mesures disciplinaires sont également des feedback. Vous avez tenté de modifier un comportement insatisfaisant et il y a récidive? La suspension pour quelques jours et le retrait de certains privilèges peuvent réussir là où la courtoisie a échoué.

5. Se défouler

On observe ce type de feedback particulièrement chez ceux qui n'ont pas développé d'habiletés en communication. Se refusant à donner un feedback négatif, ils accumulent rancœur et insatisfaction jusqu'au moment où, n'en pouvant plus, ils explosent de rage. À ce moment-là, l'employé est aussi surpris que l'entourage et les liens tissés au fil des mois sont rompus. Cette explosion se termine souvent par le congédiement ou par le départ de l'employé.

Vous devez apprendre à fournir un feedback à ceux qui vous entourent. C'est le meilleur outil d'amélioration en continu mis à votre disposition. Vous devez également apprendre à en recevoir. Nous en reparlerons plus loin.

Les 6 attributs d'un feedback efficace

Vous gagnerez toujours à offrir un bon feedback, sauf s'il est mal formulé. Dans ce cas, vous risquez de faire naître de la colère ou du ressentiment chez votre interlocuteur. Respectez ces 6 conseils afin de maximiser vos chances de bien faire passer vos messages.

1. Un bon feedback est descriptif plutôt qu'évaluatif.
Si vous incluez dans votre feedback des éléments qui vous sont propres, des conclusions auxquelles vous êtes vous-même arrivé, vous risquez d'ouvrir la porte à un débat sur votre interprétation personnelle des faits et le feedback n'aura pas d'effet.

Par exemple, si vous dites « Tu n'es pas fiable » au lieu de « Ça fait trois jours que tu arrives en retard », vous n'obtiendrez pas le même résultat. Dans le premier cas, vous émettez un jugement et la personne se mettra immédiatement sur la défensive, vous rappelant toutes les fois où elle a été fiable. Dans le deuxième cas, vous lui faites part d'un fait qu'elle ne peut contredire et qui ne jette pas d'huile sur le feu. La conversation qui suivra le second énoncé sera beaucoup plus constructive.

Remarquez que donner un feedback descriptif ne vous empêche pas de faire référence à vos sentiments. Mais cela doit être fait sans jugement. Vous pourriez dire « Je n'aime pas ça quand tu arrives en retard. Je dois m'assurer que ta tâche est effectuée par quelqu'un d'autre et, pendant ce temps, je n'arrive pas à faire mon travail. » La règle est simple : concentrez-vous sur les faits plutôt que sur la personne et gardez pour vous tout jugement ou soupçon.

Un bon feedback est donné d'une manière empathique.
Un bon feedback ne met pas l'autre sur la défensive. Il est plus efficace s'il est orienté vers l'avenir plutôt que vers le passé. Même si vous cherchez à corriger un comportement insatisfaisant, il y a moyen de montrer que la situation vous préoccupe et que vous êtes prêt à apporter l'aide nécessaire pour l'améliorer. Vous devez démontrer que vous vous préoccupez de celui à qui vous communiquez le feedback.

Plutôt que de dire « Tes ventes sont insatisfaisantes, fais attention », il est beaucoup plus efficace d'affirmer : « Tes ventes sont sous les prévisions depuis maintenant trois mois. Y a-t-il quelque chose que je peux faire pour t'aider? » Un feedback, même négatif, n'est pas une cour martiale. C'est une occasion que l'on donne à l'autre de s'améliorer.

Un bon feedback est donné au moment propice.
Celui qui félicite autrui constamment, quelles que soient ses performances, perd rapidement sa crédibilité. Cette habitude de féliciter tout le monde est perçue comme un tic verbal. Un bon feedback doit être crédible.

De plus, n'attendez pas des semaines avant de l'émettre. Son efficacité sera maximale si vous le faites le plus rapidement possible. Par exemple, pour reprendre le cas cité plus haut, si vous attendez dix mois avant de mentionner à quelqu'un que vous êtes fatigué de le voir arriver en retard, il se demandera quelle mouche vous a piqué.

Alain Samson

Finalement, certains feedback requièrent la discrétion. Évitez de donner à quelqu'un un feedback négatif devant ses collègues. Vous le mettrez immédiatement sur la défensive et le flux de communication se fermera.

4. *Un bon feedback évite les « on » et les « certains ».*
Un bon feedback est spécifique. Il commande des faits et non des généralités. Si vous dites « On m'a révélé que tu... », la personne évaluée voudra immédiatement savoir qui se cache derrière ce « on ». Si vous dites « Nous pensons que... », elle voudra savoir qui fait partie de ce « nous ».

Puisque c'est vous qui émettez le feedback, pourquoi ne pas utiliser le « je »? Il vaut mieux dire « Je trouve que ton travail est moins bien fait qu'avant » que d'arriver avec « Certains trouvent que tu négliges tes tâches. » De cette façon, les choses seront claires et l'échange sera plus productif. C'est vous qui émettez le feedback. Utilisez le « je ».

5. *Un bon feedback est bien compris.*
Il ne sert à rien d'émettre un feedback et de quitter l'autre en supposant qu'il a compris. N'hésitez pas à lui demander ce qu'il en pense et comment il réagit à vos propos. Il y a peut-être des circonstances atténuantes. Votre compréhension était peut-être biaisée. Ne vous sauvez pas avant d'être assuré que tout est clair.

6. *Un bon feedback n'essaie pas de changer les gens.*
Nous sommes ce que nous sommes et rien ne nous changera. Si vous vous mettez dans la tête de changer ceux qui vous entourent, vous vous préparez à vivre de grandes désillusions. Tout au plus, vous pouvez demander à l'autre de changer certains comportements ou de viser tel ou tel objectif. Mais vous ne pouvez le changer.

Un bon feedback face à un mutisme systématique

Si votre vis-à-vis s'obstine à ne pas s'ouvrir, il vous reste à lui offrir une rétroaction qui respectera les principes qui viennent d'être présentés. Par exemple :

- «Je réalise que ce ne sera pas facile de conclure une négociation satisfaisante avec vous. Vous ne me faites pas part de vos attentes ni de vos contraintes. Compte tenu de ces faits, je ne pourrai pas vous aider. Préférez-vous qu'on mette un terme à notre rencontre ou qu'on négocie pour vrai?»

- «Je ne peux pas travailler sans information. Je suggère qu'on mette un terme à cette séance. Faites-moi signe quand vous serez vraiment prêt à négocier. Ce sera un plaisir de faire affaire avec vous.»

Naturellement, si vous avez le gros bout du bâton et que votre vis-à-vis s'entête à ne rien communiquer, vous pourrez imposer votre point de vue et forcer la conclusion, mais c'est toujours dangereux compte tenu des possibilités de sabotage et de ressentiment. Mais il est clair que vous ne pouvez naviguer à l'aveuglette.

Sachez enfin qu'il se peut que votre vis-à-vis refuse de communiquer parce qu'il attend une offre d'un de vos concurrents. Il prend son temps et étire les délais. Dans ce cas, une bonne rétroaction pourrait le pousser à devenir plus actif.

Alain Samson

Huitième principe : affirmez-vous quand c'est nécessaire

I am, I said.
— Neil Diamond

Il arrivera, dans le cadre d'une négociation, qu'un vis-à-vis tente de miner votre enthousiasme et de diminuer votre niveau d'attente en vous attaquant, subtilement ou pas. Il arrivera également qu'un vis-à-vis laisse entendre que vous n'êtes qu'un fournisseur potentiel parmi tant d'autres. Il arrivera aussi qu'il mette l'emphase sur vos faiblesses plutôt que sur vos forces.

Dans tous ces cas, il essayera d'attaquer votre crédibilité et de nuire à votre capacité de négocier correctement. Vous vous sentirez alors obligé de redoubler d'efforts, parce qu'on vous aura confronté et déstabilisé.

Que faire quand une telle chose se produit? Il faut arrêter l'agression et vous imposer. Vous n'avez pas à subir des attaques sans rien dire. Vous n'avez pas à supposer que c'était une blague et à continuer comme si de rien n'était. En aucun cas, vous ne devez plier l'échine.

Vous vous rappelez les cinq attitudes présentées dans la figure 3.1? Quand on nous attaque, c'est facile de garder le silence afin d'éviter l'affrontement. Or, si vous ne répliquez pas, vous perdrez votre crédibilité. Qui accepte, en effet, de subir des assauts sans broncher? Vous n'avez pas à endurer les charges de votre interlocuteur sans riposter. Il faut réagir.

Il arrive qu'il faille mettre son poing sur la table pour dénouer une négociation qui n'avance pas. Il arrive qu'il faille bomber le torse quand l'autre partie recourt à des manœuvres d'intimidation.

Qu'en est-il vraiment?

Avant de vous lancer dans la confrontation, assurez-vous tout d'abord que la situation s'y prête. Commencez par analyser votre état d'esprit. Se pourrait-il que vous ayez les nerfs à fleur de peau? Il y a des jours où ça arrive et, ces jours-là, nos réactions n'ont aucune commune mesure avec la réalité. Assurez-vous qu'on ne se demande pas quelle mouche vous a piqué si vous réagissez.

Si vous êtes dans un état normal et que vous déterminez que la remarque était blessante, demandez-vous s'il vaut la peine de la relever. Il se peut que vous soyez à quelques minutes de signer l'entente et que vous ne souhaitiez pas nuire à l'humeur ambiante. Il se peut aussi que la remarque qui vous a été adressée n'était pas mal intentionnée, mais simplement maladroite. Dans ce cas, vous pouvez passer outre.

Mais s'il est évident que le commentaire visait à vous blesser ou à jeter un éclairage négatif sur la valeur de votre proposition, vous devez réagir. Sans énervement. Sans blesser à votre tour. Simplement pour remettre les pendules à l'heure.

Qu'est-ce qui vous retient?

Pourquoi refuse-t-on de confronter l'autre quand c'est nécessaire? Il peut y avoir plusieurs raisons, mais c'est généralement la peur qui nous empêche de réagir. La peur de nuire à la relation. La peur de provoquer la fin de la négociation et de devoir déclarer l'échec. La peur que l'autre prouve qu'on n'est pas à la hauteur.

Alain Samson

En plus de la peur, il y a le désir de plaire. Vous pensez peut-être que si vous souriez, l'autre finira par arrêter de vous humilier. C'est bien mal connaître les agresseurs et ceux qui se pensent meilleurs que les autres. Ils ont de temps à autre besoin d'un électrochoc afin de revenir sur terre. Ne leur rendez pas la vie facile en rampant sous terre à la première offense. Faites preuve de caractère et réagissez.

La paresse peut également nous maintenir dans le silence. C'est tellement plus simple de faire semblant qu'on n'a pas entendu un propos blessant ou une information mensongère. Mais si ces propos nuisent à votre crédibilité, il faut réagir. Voyons comment.

Si quelqu'un remet en question un fait que vous venez d'avancer, faites une pause. Répétez vos propos. Citez vos sources. Offrez même de faire parvenir à votre interlocuteur des documents confirmant vos dires. Qu'il soit bien clair que vous ne parlez pas à travers votre chapeau et que chacune de vos paroles a été mûrement réfléchie. Si vous laissez passer un tel comportement, on pourrait penser que les autres faits que vous soulignerez ne sont pas solides.

Si un commentaire tend à vous discréditer ou à discréditer votre entreprise, vous devez réagir. Vous pouvez le faire en créant ce que, dans *Affirmez-vous!*, nous appelons un CESA. Voici la définition de cet acronyme. Le C, c'est **ce** qui dérange. Le E, c'est l'**e**ffet produit par ce qui dérange. Le S, c'est la **s**olution que vous préconisez et le A, c'est l'impact que cette solution aura sur l'**a**venir prévisible de la relation. Par exemple :

- «Ça fait trois fois que vous laissez entendre que notre produit n'est pas à la hauteur de vos standards. Et pourtant, nous continuons à négocier. Je me demande à quoi ça sert. Pouvez-vous me confirmer quels sont ces standards? Nous pourrons ensuite décider de continuer à négocier si les choses sont claires.»

- «Tu sembles dire que j'aborde le partage du patrimoine avec de la mauvaise volonté. Ça me dérange. Peux-tu me dire ce qui te fait penser qu'il en est ainsi? Je pourrai alors adapter mes comportements et ça nous permettra d'avancer plus rapidement.»

- «À deux reprises, vous avez mentionné que vous ne ferez affaire qu'avec des fournisseurs de niveau mondial. Je sens, dans votre discours, que vous ne pensez pas que nous faisons partie de ce groupe. Qu'en est-il? Réglons la chose pour aller de l'avant.»

L'important, avec un CESA, c'est d'être factuel, de ne pas se laisser emporter, de dire ce qu'on attend de l'autre et de lui laisser respectueusement le temps de réagir. Il se peut qu'il s'excuse. Il se peut qu'il agisse comme si rien ne s'était passé. Mais il est probable que ses attaques cesseront. Les prédateurs ne s'entêtent pas à s'en prendre aux proies difficiles à soumettre. Très souvent, ils se plient à leurs requêtes.

Qu'il soit clairement établi auprès d'autrui que vous ne fonctionnez pas quand on vous intimide. Si certains aiment ça, tant mieux. Laissez-leur la chance de traiter avec une autre personne que vous. Pour votre part, vous souhaitez faire des affaires longtemps, et surtout avec des partenaires qui en valent la peine. Pas question de vous laisser intimider ou diminuer pour le plaisir.

Quand refuser de négocier ou mettre un terme à la négociation?

S'affirmer, c'est également refuser de négocier quand vous n'avez absolument rien à gagner. Si vous réalisez que l'autre est de mauvaise volonté et que vous perdez votre temps, coupez court à la négociation. Libre à votre interlocuteur de la relancer s'il est vraiment sérieux et s'il est prêt à s'y investir.

Alain Samson

Aussi, s'il s'avère évident qu'il vous en coûtera plus de négocier que de perdre le contrat, retirez-vous. Ça m'est déjà arrivé pour un congrès : le dossier de soumission exigeait tellement de choses qu'il m'en aurait coûté plus que mon cachet si je m'étais plié au processus. J'ai alors préféré m'abstenir plutôt que de mettre des efforts qui, au sortir du processus, m'auraient laissé déficitaire.

Si vous craignez d'être associé à un client peu scrupuleux, n'entamez pas la négociation. Par exemple, un OBNL pourrait refuser la commandite d'une entreprise pollueuse de peur de se voir associée à elle dans les médias. Si une négociation risque de vous nuire face à vos autres clients, ne l'entreprenez pas.

Si vous êtes en situation d'urgence et que vous n'avez pas le temps de lancer un appel d'offres, il peut être plus important d'accepter la première offre que d'entreprendre une négociation. Par exemple, si votre entrepôt a été la proie des flammes et que vous avez besoin de sécuriser les lieux, optez pour le premier fournisseur disponible, quitte à ne lui donner qu'un mandat de sécurisation. Si ses honoraires sont raisonnables, vous pourrez par la suite l'engager pour qu'il effectue les travaux de réfection.

Si de précieuses relations d'affaires risquent de se terminer parce que vous vous lancez dans des négociations dont les possibilités de gains sont dérisoires, continuez de faire affaire avec vos liens actuels. À quoi bon risquer d'indisposer vos partenaires?

Finalement, s'il est évident que vous vous êtes engagé dans un processus qui vous laissera perdant, ayez le courage de dire que vous mettez un terme à la négociation. Ce ne sera pas la fin du monde. Voyons quelques exemples :

- «Je réalise que, compte tenu de vos attentes, je ne serai pas capable de vous faire une offre intéressante. J'espère que nous aurons un jour la possibilité de travailler ensemble sur un autre projet.»

- «Compte tenu du délai, je ne pourrai pas combler vos besoins. Je préfère qu'on se reprenne lors d'une prochaine occasion.»

- «Je pensais être capable de combler vos besoins, mais, compte tenu de ces informations, je préfère me retirer du processus et laissez la chance à d'autres fournisseurs. Au plaisir de vous servir quand les astres seront mieux alignés!»

Il n'y a rien de honteux à se retirer d'un processus de négociation quand on réalise qu'on en sortira perdant. C'est tout à votre honneur de fixer vos balises et de respecter les frontières que vous avez dessinées.

Vous n'avez pas non plus à supporter un négociateur qui vous manque de respect. Dans ce cas, allez voir ce que ses concurrents ont à vous offrir. Enfin, s'il y a conflit de personnalités, demandez à être remplacé aux négociations.

Les gens vous aimeront-ils moins? Pas du tout. En fait, ils seront jaloux de votre intégrité et désireux de profiter de vos services une prochaine fois. Les êtres humains respectent ceux qui se respectent eux-mêmes.

Alain Samson

Neuvième principe : utilisez à bon escient les outils de persuasion

La victoire n'est pas à celui qui a le plus de sagesse,
mais à qui sait le mieux persuader.
— Henri-Frédéric Amiel

Tout au long de votre négociation, vous aurez à avancer des faits, des idées et des suggestions. Ce que vous souhaitez, c'est que votre interlocuteur se dise que vos propos font sens et qu'il serait ridicule de ne pas y adhérer. Bref, vous avez envie de persuader.

Nous avons présenté précédemment quelques outils de persuasion. Chaque fois que vous inspirez confiance, parce que vous démontrez votre crédibilité et que vous faites preuve de bienfaisance, vous faites grandir votre potentiel de persuasion. Vous trouverez ici d'autres outils qui vous aideront à atteindre cet objectif.

Avant de nous lancer, voici un fait : ce n'est pas parce qu'une vérité vous semble évidente qu'elle l'est pour tous. Si vous ne la communiquez pas, il est possible que l'autre passe à côté. C'est vrai pour tous les axes de persuasion dont nous traiterons dans les prochaines pages.

Qu'ont-ils à perdre?

L'être humain attribue plus de valeur aux choses qu'il sait offertes en quantité limitée qu'en quantité illimitée. Aussi, quand ils doivent prendre une décision, certains individus attribuent plus de valeur aux choses qu'ils risquent de perdre qu'aux gains qu'ils pourraient faire. Selon cette logique, votre offre deviendra rare, incomparable si vous lui attribuez un ou des éléments que les autres n'ont pas. Bref, en rendant votre offre unique, vous lui conférez une valeur supplémentaire.

Comment pouvez-vous persuader l'autre que votre offre est hors du commun? Quelques exemples nous permettront de l'illustrer. Premièrement, n'hésitez pas à *mentionner ce qui rend votre proposition unique.*

Ce n'est pas parce que c'est évident pour vous que ce l'est pour votre vis-à-vis. Vous avez un logement à louer situé tout près d'une bouche de métro et vous supposez que les locataires potentiels l'ont remarqué? Ce n'est pas certain. Mentionnez-le et votre logement acquerra automatiquement une valeur supplémentaire.

Ensuite, n'oubliez pas de *mentionner* à l'autre *ce qu'il a à perdre* s'il continue à hésiter. Certaines personnes sont motivées par les promesses de gains, d'autres par les risques de pertes.

- « Si on réglait ce divorce tout de suite, ça nous éviterait de continuer à payer des frais de justice pour nous rendre en appel. Tu en es à combien en frais d'avocat à ce jour? »

- « En signant cette semaine, vous évitez la majoration de prix qui sera en vigueur à compter du premier du mois suivant. Pouvez-vous vous permettre de perdre 10 %? »

- « Je serais prêt à signer cette semaine à ces conditions. Lundi prochain, je devrai retourner voir mes patrons... »

Alain Samson

- « Il faudrait qu'on s'entende cette semaine si vous tenez à avoir votre marchandise rapidement. Les articles commandés la semaine prochaine nous arriveront seulement dans deux mois. »

Encore une fois, ne supposez jamais que ce qui est évident pour vous l'est également pour votre client. Mettez l'accent sur ce qui vous distingue et pointez les pertes possibles si votre vis-à-vis décide de choisir l'impasse au lieu d'une entente.

Aidez votre vis-à-vis à comparer

Quand arrive le temps de prendre une décision, parce qu'ils souhaitent être certains de choisir la meilleure option, la majorité des êtres humains ont besoin de comparer. Ne soyez pas surpris. Vous faites la même chose. Si vous décidez de vous procurer un nouveau téléviseur de 80 pouces et que vous vous rendez dans un commerce qui n'a qu'un seul modèle en stock, vous hésiterez. Il vous manquera une base de comparaison. Vous ne voudrez surtout pas que vos amis vous disent, quand vous leur parlerez du prix que vous avez payé, que vous vous êtes fait flouer...

Que se passe-t-il quand vous ne faites qu'une seule proposition à votre vis-à-vis? Il a envie d'aller voir un de vos concurrents afin de s'assurer que votre offre tient la route. Que diriez-vous de lui faire une offre un peu plus complexe qui présenterait vos positions en fonction de trois facteurs? Le tableau suivant présente une telle offre :

Tableau 1 - Offres multiples

	Offre A	Offre B	Offre C
Délai de livraison	1 mois	2 mois	1 mois
Quantité	300	500	600
Emballé?	Oui	Oui	En vrac
Prix unitaire	30 $	20 $	19,50 $

Face à une telle proposition, votre vis-à-vis n'a pas besoin d'aller voir ailleurs avant de prendre une décision. Il n'a qu'à pondérer chaque critère et déterminer quelle proposition est la plus avantageuse pour lui.

Aider un interlocuteur à comparer, c'est également lui faire réaliser à quel point sa situation s'améliorera quand vous aurez conclu votre entente. Dans ce cas, la comparaison se fait entre « situation actuelle » et « situation avec notre proposition ».

La preuve sociale

Ce ne sont pas tous les interlocuteurs qui se laissent persuader à coup de statistiques, d'homologations ou de citations d'experts. Il y en a une bonne proportion qui préfère les anecdotes, les faits vécus et les témoignages.

Utiliser la preuve sociale, c'est montrer que vous avez déjà aidé des personnes aux prises avec les mêmes problèmes que votre vis-à-vis. La preuve sociale démontre que vous n'en êtes pas à vos premiers pas et établit votre bienveillance. Voyons quelques façons d'utiliser ce puissant outil de persuasion.

- « Votre situation est très intéressante. Un de mes clients, l'an dernier, est passé par là. Aimeriez-vous que je vous raconte ce que nous avons fait pour lui? »

- « Jetez un coup d'œil à cette liste de clients satisfaits. Aimeriez-vous lire les témoignages qu'ils nous ont fait parvenir? »

- « Laissez-moi vous parler des auditoires auprès desquels j'ai le plus de succès. Je pense bien que le vôtre leur correspond assez bien. Je crois que nous allons faire un triomphe de votre événement. »

Alain Samson

Dans chacun de ces exemples, vous laissez l'expérience d'autres personnes parler à votre place et faire la preuve que vous êtes à la hauteur de vos engagements. De plus, vous créez une certaine résonnance chez votre interlocuteur. Il aimerait vivre le même soulagement que vos autres clients.

Vous pouvez également utiliser la preuve sociale pour valider les comportements de votre vis-à-vis. Certains vivent mal le stress associé à une négociation. Il est de bon ton de leur dire que leur comportement est normal.

- « Ce n'est pas facile de vendre son entreprise. Je vous comprends. Je n'ai jamais rencontré de personnes à qui ça n'a pas fait un pincement au cœur. Mais une fois le processus terminé, ils étaient tous bien contents d'être passés à l'action. »

- « C'est normal d'être stressé. Après tout, vous êtes pris entre l'arbre et l'écorce. Vous devez rapporter le maximum, mais les ressources mises à votre disposition sont limitées. Laissez-moi vous aider à trouver la solution optimale. »

En validant les émotions de l'autre, vous lui permettez de les ressentir et, du coup, il se sent épaulé. Encore une fois, vous prouvez votre bienveillance et votre compréhension.

Utilisez également la preuve sociale pour démontrer à l'autre que votre offre est très bien vue dans le marché. Mentionnez que c'est la destination la plus recherchée, que telle vedette a acheté la même automobile ou que cette griffe de vêtement est portée par telle personnalité publique. Ces arguments ajouteront un poids à sa décision face à son groupe de pression, si celui-ci s'enquiert plus avant.

La prise de position

De peur de paraître instables ou peu fiables, les êtres humains ont tendance à agir en conséquence quand ils s'engagent à quelque chose, quand ils prennent position. Bien que très peu engageantes, les questions suivantes pourraient avoir un énorme impact sur vos négociations si les vis-à-vis questionnés répondent machinalement par l'affirmative.

- « Si je comprends bien, vous aimeriez régler tout le dossier cette semaine afin de pouvoir prendre vos vacances l'esprit en paix? »

- « Je suppose que pour vous, l'efficacité énergétique est très importante. »

- « Ce que vous souhaitez, c'est que vos participants quittent votre colloque fiers de leur travail et heureux d'y avoir participé. C'est bien ça? »

Si votre interlocuteur acquiesce, il vous sera possible, plus tard, de lui rappeler sa prise de décision antérieure pour justifier de ne pas reporter la négociation, de prendre le produit le moins énergivore ou d'opter pour la conférence la plus énergisante. Les gens n'aiment pas être pris en faute ou revenir sur les affirmations qu'ils ont déjà faites.

Le pied dans la porte

Vous n'atteindrez pas toujours vos objectifs initiaux du premier coup. Vous rencontrerez des interlocuteurs réticents, des gens souvent inquiets qui ont besoin d'être rassurés avant de faire le grand saut et de vous dire oui. Dans ces cas, la stratégie des petits pas pourrait s'avérer la meilleure.

Pierre hésite à vous confier le mandat? Invitez-le à une séance d'information gratuite. Solange craint de stocker une grande quantité de votre produit? Offrez-lui la possibilité de le mettre en consignation. Stéphane trouve vos honoraires trop élevés? Proposez-lui une analyse gratuite de ses besoins. Cette stratégie de persuasion apporte plusieurs avantages.

Premièrement, elle vous rend familier avec l'autre. Elle vous offre la possibilité de prouver votre compétence et votre bienveillance. Elle fera grandir la confiance qu'on vous portera et réduira du même coup les appréhensions de votre vis-à-vis.

Deuxièmement, elle agit sur la vision que votre interlocuteur entretient de lui-même. Du coup, si Pierre voit pendant votre séance d'information des gens qui lui ressemblent et qui posent les mêmes questions qui le rongent, il se voit déjà faisant partie de votre clientèle. Si Solange accepte vos produits en consignation, elle devient votre cliente. Si Stéphane est satisfait de la liste qu'il a établie avec vous de tous ses besoins, il comprendra tout ce que vous pouvez faire pour lui. Leur vision d'eux-mêmes aura été modifiée par ce petit pas qu'ils auront fait en votre faveur.

Vous pourrez ensuite passer à l'étape suivante et vous faire confiance. Vous aviez un pied dans la porte; vous voici maintenant le bienvenu. Bravo!

L'utilisation des outils de persuasion peut quelquefois être improvisée, mais c'est quand vous préparez la négociation qu'elle vous permet de compter le plus de points. Prenez le temps de vous demander comment vous pourrez intégrer chaque outil lors de votre prochaine négociation.

Dixième principe :
ne vous laissez pas bousculer

Hâtez-vous lentement, et sans perdre courage.
Vingt fois sur le métier remettez votre ouvrage.
Polissez-le sans cesse et le repolissez.
— Boileau

Avant de commencer, voici la petite histoire de votre cerveau. De vos deux cerveaux, en fait...

Il y a un million et demi d'années, le cerveau humain était deux fois plus petit qu'aujourd'hui. C'était un cerveau primitif contrôlé par l'amygdale, un noyau gris jouant un rôle dans la régulation des émotions. À l'époque, l'environnement était hostile et dangereux. La fonction principale du cerveau était de maintenir les individus à l'affût des dangers. Dès qu'une menace était pressentie, l'amygdale lançait un signal d'alarme à l'organisme qui libérait de l'adrénaline et l'hormone du stress, le cortisol. Dès lors, il n'y avait que deux réactions possibles : prendre la fuite ou attaquer.

Cela nous a bien servi à l'époque sinon nos ancêtres n'auraient pas eu le loisir d'avoir des descendants et nous ne serions pas là pour en témoigner.

À mesure que la société a évolué et que nous avons pu maîtriser notre environnement, un deuxième cerveau s'est développé. Ainsi, quand survient un événement, ce cerveau ne se dit pas qu'il n'y a que deux réactions possibles (la fuite ou l'attaque). Il se dit qu'avant d'agir, il faut réfléchir et trouver la meilleure stratégie compte tenu de la situation. C'est le cerveau de la sagesse.

Il arrivera, en pleine négociation, que votre interlocuteur vous mette tellement de pression que vous n'aurez plus le temps de réfléchir. À ce moment, c'est votre cerveau primitif qui risque de prendre l'avantage et de déclarer l'impasse ou d'attaquer votre vis-à-vis. Vous regretterez probablement vos gestes le lendemain, mais il sera sans doute trop tard.

Si vous sentez que vous perdez vos moyens, demandez une pause. Cela vous permettra de respirer, de reprendre vos esprits et de laisser le cerveau de la sagesse redevenir maître. Cette pause vous évitera également de commettre des impairs. Vous pouvez aussi suggérer de reporter la négocier à la semaine suivante. Dans tous les cas, ne laissez pas votre cerveau primitif aux commandes.

Cancún, janvier 2015

Durant mes vacances, j'avais accepté une invitation à une séance d'information sur le *time-sharing*. Plus ça allait, plus le vendeur me mettait de la pression. Le pire, c'est que l'offre semblait irrésistible et que je ne voyais pas comment je pourrais la refuser. Mais quelque chose clochait. Plus le représentant insistait, plus je me sentais à court d'arguments. Finalement, au grand dam de mon interlocuteur, j'ai mis un terme à la rencontre. Je suis retourné sur la plage afin de réfléchir à ce qui m'avait été proposé. J'ai réalisé que je me serais fait flouer en cédant à la pression.

Les tactiques destinées à remettre la conclusion à plus tard

Si vous sentez que vous n'arrivez plus à réfléchir clairement, n'hésitez pas à demander un temps d'arrêt afin de reprendre vos esprits. Vous éviterez de prendre des engagements qui pourraient vous nuire à moyen ou à long terme.

Alain Samson

Poser plus de questions

Vous pouvez avoir de bonnes raisons de vouloir remettre à plus tard la conclusion d'une négociation. Vous attendez peut-être le prix d'un second soumissionnaire ou alors la négociation sert seulement à exercer de la pression sur un autre fournisseur. Dans tous les cas, vous souhaitez étirer les débats.

Pour y parvenir, posez des questions sur tout ce que l'autre partie avance. Demandez à vérifier les faits. Exigez des clarifications et ne tenez rien pour acquis. Vous exaspérerez sans doute votre vis-à-vis, mais vous arriverez néanmoins à faire durer les négociations.

Prendre une pause

La demande d'un temps d'arrêt est un autre moyen de ne pas conclure brusquement. Vous pouvez devoir remettre la rencontre à une autre fois à cause d'un événement fortuit. Vous pouvez recevoir un appel (convenu d'avance avec un complice) si la conversation ne progresse pas à votre goût. Vous pouvez avoir soudainement envie de manger et reporter la discussion à plus tard. Dans tous les cas, non seulement la conclusion de la négociation est-elle repoussée, mais la tactique vous donne du temps pour penser, réviser vos positions et améliorer votre stratégie.

Déléguer

Une autre façon d'étirer les négociations, c'est d'envoyer au front quelqu'un qui n'a pas le pouvoir de dire oui ou non, comme un chargé de projet qui devra, suite à une rencontre avec vos vis-à-vis, présenter le dossier de négociation à un comité. Si le comité souhaite voir préciser un détail, le chargé de projet devra retourner à la table des négociations et reprendre le débat. Ce jeu de va-et-vient, en plus de faire traîner les discussions en longueur, provoque rapidement une diminution du niveau d'attente chez l'autre partie.

C'est une des raisons pour lesquelles vous déléguerez quelquefois des gens pour négocier à votre place. Si vous vous présentez à la table avec le pouvoir de dire oui tout de suite, vous perdrez cet avantage qui permet de dire non tout simplement parce que la personne n'a pas le mandat de dire oui.

Finalement, si vous ne voulez pas qu'on vous serve cette tactique, prenez l'habitude de demander à votre vis-à-vis, avant le début des négociations, l'étendue de son pouvoir et les règles qui régiront la négociation. Combien de vendeurs ont perdu leur temps en travaillant pendant des semaines avec un client potentiel qui n'en était pas un?

Constater l'impasse

Vous pouvez également constater l'impasse et quitter la table des négociations. Non seulement cela peut faire diminuer le niveau d'attente de la partie adverse, mais vous pourrez facilement économiser de 7 à 10 jours en attendant que les négociations reprennent.

Changer de négociateur

Si les négociations ne vont pas comme vous le souhaitez ou que vous sentez qu'elles se concluront bientôt en votre défaveur, vous pouvez toujours annoncer que vous retirez le dossier des mains de votre négociateur et que vous en nommez un autre.

Idéalement, le nouveau négociateur n'aura pas de difficulté à déstabiliser son vis-à-vis. Il pourra revenir sur les concessions antérieures, demander des explications, reprendre le processus. Si l'on vous fait le coup, rappelez-vous que vous avez également la possibilité de revenir sur d'anciennes concessions. Ne vous laissez pas faire.

Inviter un verbomoteur

Dans toutes les entreprises, il y a un spécialiste du « tourner en rond ». Ces spécialistes prennent 10 minutes pour vous donner une explication qui prendrait normalement 20 secondes. Ils n'en finissent plus de finir. Ils ouvrent des parenthèses qu'ils ne ferment pas et ils demeurent d'infatigables optimistes qui croient dur comme fer que ce qu'ils racontent intéresse les autres au plus haut point.

Si vous souhaitez voir une négociation traîner en longueur et que vous avez un tel spécialiste dans votre organisation, déléguez-le ou invitez-le à participer aux débats.

Onzième principe :
gérez bien les concessions

J'ai une devise dans la vie
Elle m'a toujours servie
T'es bon avec Mama
Mama est bonne avec toi.
— Chicago

Il importe de connaître un phénomène humain important avant de se lancer dans une négociation : celui de la réciprocité. Ce principe veut que, lorsqu'un individu nous offre quelque chose qui a de la valeur, nous avons l'impression de contracter une dette envers lui. Cela éveille en nous ce que les psychologues appellent une tension de réciprocité, qui peut être soulagée en rendant la pareille à cette personne.

Encore une fois, ce phénomène serait issu de la préhistoire. Très tôt, les hommes se sont rendu compte qu'en contribuant aux besoins des autres en partageant le fruit de leur chasse, ils s'assuraient la réciprocité. De plus, globalement, l'espérance de vie de tous les membres du groupe était allongée.

Encore aujourd'hui, notre bagage génétique est empreint cette réalité. Si quelqu'un vous offre quelque chose, vous vous sentez en dette. C'est ici qu'entre en jeu la gestion des concessions en négociation.

En raison de la nature même des négociations, les concessions sont inévitables. Après tout, vous réunissez autour d'une table des personnes partageant un objectif commun, mais ayant des besoins ou des intérêts divergents. Il est tout à fait normal que du marchandage ait lieu et que des accords donnant, donnant en résultent.

Mais comment vous assurez de bien tirer votre épingle du jeu pendant toute cette démarche? Vous trouverez dans les pages qui suivent quelques pistes de réflexion pour y arriver. Nous procéderons par questions et réponses.

Devrais-je faire la première offre?
Nous sommes souvent gênés d'être les premiers à lancer un prix lors d'une négociation. Le client vous demande votre prix et vous lui demandez son budget. Ou vous attendez une première offre pour annoncer votre position et vous vous adaptez à ses attentes. Mais ce faisant, défendez-vous bien votre cause?

D'accord, vous avez peur qu'on vous dise que vous demandez trop cher et qu'on coupe court à toute négociation. Cette crainte est-elle justifiée? Il semble que non. En fait, les études tendent à démontrer que vous avez tout intérêt à présenter votre prix en premier et à le présenter de manière optimiste en supposant que votre interlocuteur a le budget nécessaire pour vous dire oui sans sourciller. Bref, loin de vous faire mettre à la porte si vous demandez plus, vous risquez fort bien d'obtenir plus. Voici pourquoi.

Le premier prix avancé lors d'une négociation devient le prix de référence. C'est autour de lui qu'on va négocier. Si vous laissez votre interlocuteur lancer son prix en premier, il est probable que celui-ci se situera vers le bas de la plage de valeur qu'il a mentalement établie. C'est normal. Il souhaite payer le moins cher possible.

Si vous lancez le premier prix, il se situera probablement au haut de la fourchette de prix à laquelle vous aspirez. Il se peut qu'il fasse sursauter votre vis-à-vis, mais, s'il reste dans une fourchette soutenable, vous partez gagnant et vous aurez

Alain Samson

plus de chances de vous retrouver près de ce chiffre à la fin des négociations.

Faites donc fi de ce sentiment de doute qui vous habite et allez de l'avant. Osez demander plus que ce qui vous rendra heureux. Et constatez que vous ne venez pas de déclencher la fin du monde.

Devrais-je faire une concession pour faire preuve de ma bonne volonté?

Nous répondrons à cette question en deux points : première-ment, si vous y allez d'une concession sans qu'elle vous soit demandée, de quoi aurez-vous l'air? De quelqu'un qui a gon-flé son prix. Votre prix de départ est votre prix de départ. Un point, c'est tout.

Deuxièmement, vous ne devriez jamais faire de concessions sans rien demander en retour. C'est la réciprocité qui doit régner. Dans un esprit de collaboration, vous êtes prêt à faire certaines concessions si on vous en accorde en retour. C'est à ce moment que vous pourrez faire preuve de bonne volonté.

Avec quel enthousiasme dois-je accepter de faire des concessions?

Avant de répondre à cette question, nous devons réitérer que la satisfaction de votre vis-à-vis est essentielle. Votre objec-tif est que cette négociation trace le chemin d'autres négo-ciations à venir. Vous bâtissez une relation. Et pour rendre l'autre heureux, il doit avoir l'impression d'avoir gagné vos concessions.

Oubliez donc les acquiescements rapides et irréfléchis, comme sans y penser. Un oui automatique et empressé ne vous met pas en valeur. Il laisse supposer que vous aviez prévu de faire cette concession et qu'elle ne vous coûte rien. Vous ne voulez pas donner cette impression.

Si on vous demande une concession, même si vous savez que vous pouvez la faire, prenez le temps d'y réfléchir. Faites des calculs. Notez quelques éléments sur papier. Au besoin, s'il s'agit d'une importante concession, demandez une pause afin de faire quelques appels. Quand vous reviendrez, dites que « la concession serait possible moyennant... » et là, demandez une concession à la hauteur de celle que vous concédez. C'est donnant, donnant.

Dans quel ordre dois-je faire mes concessions?

En ordre décroissant. Les plus importantes concessions devraient être concédées au début des négociations et les moins importantes devraient être concédées à mesure que vous approchez de l'entente. Si, par dépit, vous y allez d'une concession importante vers la fin de la négociation (en vous disant que cela vous permettra de conclure), vous faites automatiquement grandir les attentes chez votre vis-à-vis. Il risque de se dire que vous avez d'autres cartes dans votre jeu et qu'il serait ridicule de ne pas aller les chercher. Vous entrerez dans une autre ronde. Évitez de faire inutilement grandir les attentes de l'autre.

Quelles sont les plus belles concessions que je puisse faire?

Celles qui ne vous coûtent rien. Il se peut fort bien, si vous écoutez attentivement votre interlocuteur, qu'il vous mentionne ce qui lui tient à cœur. Il se peut également fort bien que ce qui lui tient à cœur ne vous coûte pas très cher. Il souhaite peut-être une livraison rapide alors que vos entrepôts débordent. Il souhaite peut-être que vous vous présentiez rapidement dans ses bureaux alors que vous n'avez pas de travail en cours. Dans ces cas, faites mine de réfléchir. Allez passer quelques appels au besoin et revenez en présentant ce que vous pouvez faire puis en demandant quelque chose en retour. Ce peut être une confirmation de la commande, un paiement plus rapide, etc.

Alain Samson

Rendez service à votre vis-à-vis. Il souhaite marquer des points. N'allez surtout pas lui dire que la concession que vous venez de lui accorder ne vous coûte rien.

Que faire si nous ne sommes absolument pas d'accord sur un point?

Grâce aux clauses de contingentement, il y a toujours moyen de se mettre d'accord sur un désaccord. Voyons un exemple.

Imaginons qu'un gestionnaire de salle m'engage pour donner une conférence. Il s'attend à vendre 400 billets alors que je crois qu'il peut facilement remplir sa salle de 800 places. Je pourrais me mettre d'accord avec lui et accepter le cachet qu'il m'offre en ajoutant que, au-delà de 400 billets vendus, il devra me verser 10 $ par spectateur additionnel.

Dans ce cas, cette clause fait de nous deux gagnants. Ma présentation ne lui coûtera pas plus cher si ses prévisions sont justes, mais si j'ai raison, j'irai chercher le surplus de valeur que j'aurais obtenu à la billetterie. Il sera heureux de me payer davantage parce qu'il aura gagné davantage.

Ne vous cantonnez jamais sur votre position initiale de négociation. Explorez. Faites exploser la tarte en recherchant des moyens de vous faire gagner tous les deux. Les solutions créatives abondent et vous n'avez pas à sacrifier vos intérêts pour faire plaisir à votre vis-à-vis. Fouillez. Générez des alternatives. Qui sait ce que vous trouverez?

La négociation est un travail collaboratif. N'allez pas vous imaginer que, parce que certains de vos intérêts divergent, vous ne pouvez pas faire partie de la même équipe.

Vous faites partie d'une même équipe. Vous êtes deux êtres humains à la recherche d'une conclusion mutuellement profitable. C'est ce qui vous unit et c'est suffisant pour vous présenter avec une belle ouverture d'esprit et pour chercher des solutions créatives.

Douzième principe : réduisez les attentes et mettez un peu de pression

Les objectifs ne suffisent pas. Vous devez également avoir des échéances. Vos objectifs doivent être assez grands pour vous motiver et vos échéances, suffisamment courtes pour vous faire courir. Prises séparément, ces deux conditions n'ont pas le pouvoir qu'elles offrent lorsqu'on les réunit.
– Ben Feldman

Ce n'est pas parce que vous présentez la meilleure offre possible à un vis-à-vis qu'il sautera dessus et demandera où il doit signer. Plusieurs ne sauront même pas reconnaître la qualité de votre proposition. Plusieurs vivent tellement dans l'inertie qu'il faut quelquefois les aider à prendre une bonne décision.

Deux séries de tactiques vous aideront à y arriver : réduire le niveau d'attente de votre vis-à-vis et user de trucs pour mettre un peu de pression.

Les tactiques destinées à réduire le niveau d'attente de l'autre partie

Très souvent, une négociation se termine sur un compromis. Si vous souhaitez que celui-ci vous soit favorable, vous aurez intérêt, le plus tôt possible, à faire chuter le niveau d'attente de votre vis-à-vis.

L'argument de la concurrence

Laisser entendre à l'autre que vous irez ailleurs s'il ne vous offre pas un meilleur prix est une pratique connue. Elle oblige le vendeur à choisir entre une vente à prix réduit et pas de vente du tout. Comme le vendeur ne veut pas tirer un trait sur les efforts déjà fournis, il choisit généralement de réduire son prix.

Si vous souhaitez que cette tactique fonctionne au mieux, ne vous en servez pas trop tôt dans la négociation. Laissez l'autre partie croire que la transaction aura lieu. Quand vous l'utiliserez, votre vis-à-vis aura le sentiment d'avoir investi dans l'aventure et se refusera à laisser tomber la transaction.

Cette tactique peut être exécutée de nombreuses façons. Vous pouvez laisser traîner un document. Vous pouvez simplement glisser l'argument de la concurrence dans la conversation. Dans tous les cas, efforcez-vous de laisser entendre qu'à prix égal vous aimeriez mieux faire des affaires avec votre vis-à-vis.

Si on utilise cette tactique contre vous et que vous n'avez pas prévu de marge de manœuvre dans votre prix, misez sur votre réputation et sur le sentiment de sécurité qu'aura le client s'il fait des affaires avec vous. Mettez l'accent sur la valeur ajoutée (garantie prolongée, service 24 heures, etc.) que vous incluez dans votre prix. Vous ne devez pas dénigrer votre concurrent.

Le bon et le méchant

Vous avez sûrement déjà vu une variante de cette technique dans les films policiers. Deux flics venant d'arrêter un suspect tentent de le faire parler. Le premier est brusque et n'hésite pas à utiliser la force. Le second tente de maîtriser son collègue et explique gentiment au suspect que, s'il fournit les renseignements demandés, on ne lui fera pas de mal.

Alain Samson

Vous pouvez utiliser la stratégie du bon et du méchant dans de nombreuses situations. Par exemple, si vous visitez une maison que vous souhaitez acheter, demandez à un entrepreneur de vous accompagner. L'entrepreneur devra, vers la fin de la visite, vous expliquer devant le vendeur qu'il y a beaucoup de travaux à effectuer. Immédiatement, les attentes du vendeur diminueront.

Si vous souhaitez louer un local commercial, visitez-le avec un spécialiste que le locateur ne connaît pas. Vers la fin de la visite, votre spécialiste devra vous dire en toute confidence (mais en prenant bien soin que le locateur entende) que l'autre local est un meilleur choix. Le niveau d'attente du locateur diminuera et ce dernier fera de multiples acrobaties pour vous faire rapidement signer un bail. Cette tactique pourra souvent vous rapporter gros pour les quelques efforts qu'elle demande.

En outre, elle sera plus efficace si celui qui intervient fait partie de votre groupe de pression. Si ce n'est pas le cas, par exemple si un spécialiste vous accompagne, prenez le temps de présenter votre invité en mentionnant ses fonctions et ses compétences dans le domaine. L'autre partie ne doit pas remettre en question son avis de spécialiste.

Un dernier point sur la tactique du bon et du méchant : ne faites pas le coup deux fois à la même personne. Elle verra clair dans votre jeu...

Le budget alloué
Cette stratégie est plus efficace si elle est utilisée par un chargé de projet faisant partie de votre organisation. Vous pouvez également l'utiliser si vous êtes patron, mais il sera alors plus facile pour l'autre partie de la contrer.

Le jour où la partie en question vient présenter une soumission, votre chargé de projet prend un air contrarié et explique qu'il ne s'attendait pas à débourser un si gros montant. Sous le sceau de la confidentialité, il explique que le budget alloué n'est que de tant, un montant inférieur à celui de la soumission.

Alors que le vis-à-vis tente de justifier son prix en vantant la qualité de son travail, votre chargé de projet lui suggère de retourner faire des calculs pendant que lui-même s'engage à aller voir la direction afin de demander que le budget soit augmenté. Normalement, cette complicité apparente poussera l'autre partie à diminuer son niveau d'attente, et ayant déjà investi dans la préparation de la soumission, l'interlocuteur ne voudra pas courir le risque de perdre le contrat. Il reverra à la baisse le montant qu'il exigeait et, par magie, votre chargé de projet aura quant à lui réussi à faire gonfler un peu le budget alloué.

Si vous pouvez difficilement utiliser vous-même cette technique, c'est parce que vous avez un contrôle direct sur les finances. Pour être efficace, cette technique doit reposer sur une apparente complicité entre celui qui baisse son prix et celui qui tente de faire gonfler le budget.

Si l'on utilise cette tactique contre vous, vous pouvez jouer le jeu et diminuer légèrement votre prix ou bien soustraire des éléments qui faisaient partie de la soumission en expliquant à votre vis-à-vis, au cours de la rencontre subséquente, comment vous avez réussi à diminuer le prix pour l'ajuster à son budget. Il sera alors tenté de revenir à la soumission originale.

La patience
Vous rencontrerez des négociateurs impatients, des personnes qui tolèrent mal la pression ou pour qui l'incertitude est insupportable. Ces gens deviennent nerveux si l'accord n'est pas rapidement conclu. Ils ont tellement peur de voir la négociation aboutir à l'échec que si vous prenez votre temps,

ils diminueront leur niveau d'attente sans que vous fassiez quoi que ce soit.

Devant un négociateur impatient, prenez votre temps. Annoncez que vous attendez un rapport qui devrait arriver d'ici une semaine. Sept jours plus tard, quand il vous rappellera, dites-lui que vous attendez toujours et que vous ne serez pas libre la semaine suivante. Quand vous le rencontrerez, faites une offre finale qui vous satisfait. Il est tout probable qu'il l'acceptera.

La patience a d'autres avantages. Certains ont besoin de temps pour accepter une proposition. Si vous demandez une réponse immédiate, on risque de vous dire non. Faites plutôt une proposition et fixez la prochaine rencontre dans une dizaine de jours. L'autre aura le temps de réfléchir et de se convaincre que votre proposition, en fin de compte, est très intéressante.

N'oubliez pas le groupe de pression de votre opposant. Si ses membres sont pressés de voir le contrat signé, ils feront pression sur votre opposant et le convaincront de diminuer son niveau d'attente. Des luttes de pouvoir pourraient éclater et ses habiletés de négociateur pourraient être remises en question.

L'un des pires handicaps en négociation est d'être ou de sembler impatient. Devant un négociateur pressé, l'opposant se sent tout-puissant, comme un plombier que le client appelle quand il y a trois pieds d'eau dans son sous-sol. Montrer de l'empressement, c'est pousser son opposant à augmenter son niveau d'attente. Si vous n'avez vraiment pas une minute à perdre, utilisez l'ordre du jour et la procédure. Votre comportement ne doit pas laisser voir que vous êtes pressé.

Le regroupement des forces

Si, dans une négociation, l'équilibre du pouvoir vous désavantage et que l'autre partie peut, sans trop de danger, ne pas tenir compte de vos demandes, vous pouvez considérer de vous unir à d'autres et de lancer une nouvelle offensive. Voyons quelques exemples :

- Trois ou quatre marchands peuvent fonder un groupement d'achat et exiger de meilleurs escomptes du fournisseur. Le coût d'un échec des négociations, dans ce cas, est beaucoup plus grand pour le fournisseur et il acceptera généralement de réduire son niveau d'attente.

- Les journaux offrent généralement de meilleurs rabais aux grands utilisateurs. En mettant en commun vos achats et ceux d'autres annonceurs, vous arriverez peut-être à négocier de meilleurs prix.

Que faire si vous subissez une telle tactique? Tentez de briser la cohésion du groupe en promettant certains avantages à l'un de ses membres ou exigez une concession en retour. Par exemple, le journal qui accepte de donner le tarif « grand utilisateur » au groupe d'annonceurs pourrait en contrepartie exiger que chacun se porte garant des autres membres du groupe si l'un d'eux ne paie pas ses publicités, ce qui pourrait aller jusqu'à briser le groupe. Mais si les membres du groupe s'entêtent, le journal devra absolument, devant ce nouveau rapport de forces, faire une ou plusieurs concessions.

Les promesses

En mettant l'accent sur vos achats futurs ou sur vos projets d'expansion, vous pouvez arriver à faire diminuer le niveau d'attente de votre interlocuteur. Face à un fournisseur, vous pourriez dire ceci : « Si tu me fais un bon prix tout de suite, avec la campagne publicitaire que j'ai développée, je devrais commander trois ou quatre fois d'ici Noël. Alors, si tu insistes

Alain Samson

pour me facturer le prix de catalogue, tu risques de ne me vendre qu'une seule fois tes produits. »

Vous pouvez également utiliser cette tactique en présentant vos politiques générales d'achat : « Vous savez que nous ne changeons pas de fournisseur à tout moment. Pour nous, un bon fournisseur, c'est un partenaire. Et un bon partenaire, c'est quelqu'un qui nous donne un peu plus qu'aux autres. Allez! Faites un effort et entrez dans la famille! Ce n'est pas une simple vente qui est en jeu. C'est une association à long terme. »

Dans tous les cas, cette tactique vient accroître, dans l'esprit de votre vis-à-vis, le coût d'un échec. S'il ne se plie pas à vos conditions, ce n'est pas une vente qu'il perdra, mais peut-être 50, 100 ou 10 000 ventes. Pour se prémunir contre ce risque, il sera plus enclin à diminuer son niveau d'attente.

Si l'on tente d'utiliser les promesses pour négocier avec vous, exigez un engagement ferme d'achats futurs sans lesquels vous pourrez refacturer la différence précédemment accordée. L'autre partie réduira alors son niveau d'attente pour ne pas avoir à s'engager officiellement.

« Quel est ton meilleur prix? »

C'est une formule magique. Il semble que cette petite question, lorsque posée en fin de course, reçoive généralement une réponse favorable. Même quand vous êtes satisfait de ce qui vous est proposé, faites le test. Votre vis-à-vis redressera le dos, froncera les sourcils et réagira de l'une ou l'autre des façons suivantes :

• Il vous offrira immédiatement une réduction (« Je me souviens justement de notre promotion »). S'il vous sert cette réponse, c'est qu'il s'attendait à cette question. Si vous n'aviez pas osé la poser, il vous aurait vendu trop cher ses produits ou son service.

• Il téléphonera à son supérieur immédiat et demandera un traitement de faveur, qu'il a probablement déjà accordé des dizaines de fois à d'autres personnes. C'est une tactique destinée à donner de la crédibilité au geste et à sous-entendre qu'au-delà de cette concession plus rien d'autre n'est possible.

• Il annoncera qu'il pourrait faire mieux si vous vous engagez en contrepartie à n'acheter que de lui, à commander tous les mois ou à renoncer à un autre avantage.

• Il ne bronchera pas et vous expliquera qu'il vous a déjà offert son meilleur prix.

Dans ce dernier cas, vous n'aurez rien perdu et votre relation ne sera pas affectée. Dans une négociation, il est normal de s'assurer que les conditions qu'on nous offre sont les meilleures. Personne n'aime apprendre que son voisin a payé telle chose moins chère ou qu'il a reçu une prime au moment de son achat. Il n'y a donc pas lieu de craindre d'utiliser le « Quel est ton meilleur prix? » à la fin d'une négociation.

Pourquoi cette tactique est-elle aussi efficace? C'est à cause du message qu'elle sous-entend. Celui qui la reçoit entend en réalité : « OK, tu m'as convaincu. Ça m'intéresse. Fais un pas de plus et je dis oui. » Il est alors prêt à réduire son niveau d'attente pour signer tout de suite.

Si l'on utilise cette tactique avec vous, vous pouvez employer l'humour (« Tout ce que je peux t'offrir d'autre, c'est mon estime ») ou un ton sérieux axé sur la conclusion des négociations (« Vous avez déjà le meilleur prix. Compte tenu de vos besoins et des efforts que nous allons faire pour les satisfaire, vous faites le meilleur choix en disant oui tout de suite. Quand voulez-vous que nous commencions? »).

Alain Samson

« Pourquoi ne ferions-nous pas chacun un bout de chemin? »

C'est la formule consacrée pour tirer une ultime concession. Elle laisse entendre qu'un dernier obstacle empêche la conclusion de l'accord et qu'il ne tient qu'à l'autre de le régler. Celui qui n'en peut plus de négocier sautera sur l'occasion et coupera la poire en deux. Mais est-ce vraiment nécessaire?

En utilisant cette tactique, vous tentez l'autre partie. C'est tellement simple, en effet, de faire chacun son bout de chemin que l'autre cherchera à répondre par l'affirmative. Il peut s'efforcer de réduire ses attentes en échange d'une signature ou d'une entente.

Si l'on utilise cette tactique avec vous et que vous êtes tenté par l'offre, faites tout de même l'expérience de dire « Non, ce n'est pas possible » et faites une dernière contre-proposition qui est plus à votre avantage. Ce sera alors à l'autre de dire s'il tient à la transaction.

Les tactiques destinées à exercer de la pression

Certaines personnes ont beaucoup de difficulté à prendre une décision. Mettre de la pression, c'est les aider à se faire une idée. Voici quelques moyens d'y arriver.

Les menaces

Les menaces ont leur place en négociation. Il y a des moments où leur utilisation constitue la seule façon de dénouer l'impasse. Vous pouvez menacer un fournisseur qui fait la sourde oreille quand vous lui dites que, s'il n'améliore pas son service à la clientèle, vous cesserez de faire des affaires avec lui. Vous pouvez dire à un client qui agit visiblement avec mauvaise foi que, s'il ne paie pas d'ici lundi, son dossier sera remis entre les mains de vos avocats. Vous pouvez affirmer au gérant du centre commercial que, s'il n'accepte pas votre offre, vous allez louer ailleurs. Vous pouvez dire à votre employé que, la prochaine fois qu'il se présente au travail en état d'ébriété, vous le mettrez à la porte. Toutes ces menaces peuvent vous aider à conclure rapidement une négociation qui s'étire. Il y a cependant des règles à respecter quant à leur utilisation.

Assurez-vos auparavant d'avoir épuisé les autres tactiques.

Les menaces, même si elles vous permettent d'arriver à vos fins, ne sont pas sans danger. L'autre partie peut cultiver du ressentiment et préparer une embuscade un peu plus loin sur la route. C'est une tactique à n'employer qu'en dernier ressort.

Faites des menaces que vous pouvez raisonnablement mettre en œuvre.

Si vos menaces ne sont pas crédibles, l'autre rira dans sa barbe et gèlera ses propositions. Ne faites pas non plus de menaces qui vous feront plus de mal qu'à votre vis-à-vis.

Utilisez l'escalade.

Revenons à l'exemple de l'employé que vous menacez de mettre à pied s'il arrive une fois de plus au travail en état d'ébriété. Pourquoi ne pas lui adresser une réprimande à la première incartade, puis le menacer de le suspendre sans salaire pendant trois jours la fois suivante et de le mettre à pied au troisième écart? Quand il se retrouvera suspendu, il prendra davantage au sérieux vos menaces de mise à pied.

Si l'on vous menace, plusieurs avenues s'offrent à vous. Vous pouvez vous conformer à ce qui vous est demandé, expliquer à l'autre partie quelles peuvent être les conséquences malheureuses de ses menaces, mettre un terme aux négociations ou les ignorer. Ce que vous ferez dépendra de la crédibilité que vous accordez aux menaces et de votre pouvoir de représailles.

Alain Samson

Cependant, si vous arrivez à prouver que les menaces, même si elles sont mises à exécution, ne vous feront pas mal ou que vous êtes prêt à les supporter, votre adversaire se retrouvera dans une position difficile et il aura besoin de votre aide pour reprendre les négociations. Annoncez que vous êtes prêt à oublier la menace s'il se plie à votre dernière proposition et attendez sa réponse.

La date limite

Le chargé de projet vous regarde et vous dit : « Les membres du comité se réunissent demain matin pour décider qui obtiendra le projet. Est-ce que je leur dis que ce prix vous convient, oui ou non? » Un client vous affirme que, si aucune entente n'est signée le 30 du mois, le budget accordé au projet sera annulé. Vous mentionnez à un autre client qu'il ne reste que trois articles en stock et que la prochaine production n'aura lieu que dans six semaines.

Dans tous ces cas, la tactique de la date limite a été utilisée pour exercer de la pression et déclencher l'action. Présenter une date limite, c'est remettre tout le sort de la négociation entre les mains de l'autre partie. C'est lui dire que votre part est faite, que vous avez concédé tout ce que vous avez pu, mais qu'il y a des limites à respecter et que, si elle ne se décide pas au plus vite, l'accord risque de vous échapper à tous les deux.

Celui qui se voit imposer une date limite se demande en premier lieu si celle-ci est réelle. S'il n'a pas de raison d'en douter, il va comparer les gains possibles d'une entente immédiate avec les chances de tirer davantage s'il ne tient pas compte de la date limite. S'il en vient à la conclusion que l'absence d'accord lui coûtera davantage qu'un accord immédiat, il acceptera votre proposition ou vous fera une dernière contre-proposition. Mais, dans tous les cas, vous provoquerez l'action.

Si l'on tente de vous imposer une date limite, vous pouvez demander : « Je comprends que vous devez faire face à des échéances. Mais si j'arrivais avec une bien meilleure proposition dans trois jours, seriez-vous quand même disposé à l'évaluer? » Si on vous répond par l'affirmative, c'est que la date limite n'était qu'une tactique destinée à exercer de la pression sur vos épaules et à vous forcer à dire oui à un accord qui n'est pas nécessairement à votre avantage. Tentez de vérifier la valeur réelle des dates limites.

Les alliances

Le conseil municipal refuse de délivrer le permis dont vous avez besoin? Pourquoi ne pas entamer une campagne de pression? Demandez à des membres de la chambre de commerce d'appeler le maire pour appuyer votre demande pendant que vous faites circuler une pétition qui sera déposée à la prochaine séance. Un fournisseur refuse de vous ouvrir un compte? Demandez à l'un de ses meilleurs clients d'intercéder en votre faveur. Faites travailler votre réseau! Il y a toujours quelqu'un, quelque part, qui peut vous aider.

Les alliances fonctionnent ainsi : comme vous n'avez pas de pouvoir face à votre opposant, vous vous tournez vers quelqu'un qui en a pour provoquer une décision qui vous est favorable. C'est comme le petit garçon qui va chercher son grand frère pour l'aider à mettre fin à une dispute.

Si l'on utilise cette tactique contre vous, tentez de briser l'alliance. Par exemple, faites comprendre à celui qui fait pression pour que vous vendiez tel produit à son ami que la gestion des petits comptes vous coûte trop cher et qu'à long terme, si vous vous pliez à sa demande, vous devrez augmenter vos prix pour tout le monde. Faites-lui comprendre comment la décision qu'il tente de faire infirmer le protège d'une augmentation de vos prix.

La concession finale

C'est également une tactique utilisée pour provoquer un accord et mettre un terme aux négociations. Supposons que vous êtes entrepreneur et que vous tentez de vendre une maison. L'acheteur potentiel exige un revêtement extérieur en brique plutôt qu'en aluminium. Vous le regardez et lui dites : « Si j'acceptais immédiatement ce que vous me demandez, seriez-vous prêt à signer le contrat tout de suite? »

Cette tactique met l'autre sur la défensive. Pourquoi exiger un revêtement de brique s'il n'est même pas décidé à signer? S'il répond oui à votre question, vous pouvez toujours tenter de couper la poire en deux. Si c'est non et qu'il veut conserver sa crédibilité, il exposera alors l'ensemble de ses demandes et vous saurez tout de suite si cela vaut la peine de poursuivre les discussions.

Le pot-de-vin

Rappelons-nous que, dans bien des cas, le négociateur n'est que le représentant de l'entreprise; il n'en est pas le propriétaire. Un salarié pourrait désirer obtenir une commission en argent en échange d'un accord qui vous avantagerait. Si une demande en ce sens vous est faite, retirez-vous des négociations.

Si nous faisons état de cette tactique, c'est simplement parce qu'à un moment donné, un membre de votre organisation (un acheteur, par exemple) pourrait être tenté d'accepter un pot-de-vin d'un de vos fournisseurs. Tous les membres de votre personnel doivent savoir que vous réprouvez ce type de comportement et que celui qui se fera prendre la main dans le sac perdra son emploi.

Avertissez également vos fournisseurs. Faites-leur part de ce qui est accepté — un dîner d'affaires, par exemple — et promettez que vous cesserez de faire des affaires avec ceux qui tenteront d'acheter des membres de votre organisation.

C'est à prendre ou à laisser! »
Il s'agit ici d'un ultimatum. Vous exposez votre offre finale en expliquant que, si elle est refusée, vous mettrez fin à la négociation. C'est une tactique dangereuse parce qu'elle risque de faire monter le niveau de tension. Utilisez-la justement quand la tension est élevée : quand vous voulez mettre un terme à une séance de marchandage qui vous exaspère; quand il y a des risques qu'une réduction accordée à un client soit aussitôt exigée par l'ensemble de vos clients; quand le client a absolument besoin d'un accord; quand tous les clients sont habitués à payer ce prix; et quand vous ne pouvez vous permettre de marchander davantage sans courir le risque de vendre à perte.

Si vous utilisez cette technique, ne le faites pas trop tôt dans la négociation et ne fixez pas de date limite. De cette façon, vous n'aurez pas l'air de vouloir imposer vos volontés.

Cette tactique est toutefois contournable. Si quelqu'un l'utilise contre vous et que vous souhaitez continuer à négocier, vous pouvez faire semblant de ne pas avoir entendu ou vous pouvez changer la nature de ce que vous négociez. Par exemple, si vous négociez l'achat d'un camion de livraison et que le vendeur vient de vous dire que c'est à prendre ou à laisser, demandez-lui ce qu'il en serait si vous achetiez deux camions. S'il répond que vous paieriez moins cher, c'est que son offre finale n'est pas si finale que cela et qu'il reste quelques miettes à ramasser!

Entretenir la hâte
Vous pouvez également mettre plus de pression sur votre vis-à-vis en influençant favorablement son groupe de pression. Si les membres développent une attitude qui vous est favorable, il sera difficile pour le négociateur de vous traiter sur la même base que les autres soumissionnaires.

Alain Samson

Imaginons par exemple que vous vendiez des systèmes informatiques adaptés aux quincailleries et que, pendant la préparation de l'offre de service, vous avez rencontré la majorité des employés de l'entreprise. Vous avez demandé à chacun ce qu'il n'aimait pas dans le système informatique actuel et ce qu'il aimerait trouver dans le prochain système. Chaque fois, vous avez fait montre de compréhension — rappelez-vous les habiletés personnelles de communication — et avez expliqué en quoi votre produit saurait les satisfaire.

C'est aujourd'hui la remise de la soumission. Vous savez que tout le monde dans l'entreprise a hâte de voir arriver le nouveau système. Si vous mentionnez en plus que le succès dans l'implantation d'un nouveau système informatique réside dans la participation des ressources humaines, vous avez toutes les chances d'obtenir le contrat. En influençant ceux qui influencent le négociateur, vous exercez davantage de pression sur les épaules de ce dernier.

Le « entre nous »

C'est la confidence que vous faites à votre vis-à-vis pendant une pause ou à la fin de la rencontre. C'est l'information que vous partagez même si ce n'est prétendument pas à votre avantage. Par exemple : « J'aimerais vraiment que nous en venions à un accord. Ça m'éviterait de recommencer les négociations avec votre compétiteur. J'avais prévu de prendre des vacances la semaine prochaine. En toute confidence, j'ai l'impression qu'il n'y a plus grand-chose qui nous sépare. Si vous garantissiez un délai de livraison d'une semaine, j'arriverais à faire accepter le projet par la direction. » Le « entre nous » est dirigé vers le négociateur en tant qu'individu plutôt que représentant d'une entreprise. C'est une proposition de complicité. Elle lui indique quoi faire pour en venir rapidement à un accord.

Treizième principe : faites face aux moments difficiles

Les obstacles ne peuvent pas vous arrêter. Les problèmes ne peuvent pas vous arrêter. Surtout, les autres ne peuvent pas vous arrêter. Vous seul pouvez vous arrêter.
– Jeffrey Gitomer

Ce ne sont malheureusement pas toutes les négociations qui se déroulent admirablement bien. Les événements ou le temps peuvent ne pas jouer en votre faveur et ne pas vous donner le temps nécessaire pour chercher une solution optimale. Il se peut que certaines erreurs exacerbent votre besoin d'avoir raison sur l'autre. Il se peut également que les malentendus ou le travail des groupes de pression minent votre bonne relation avec l'autre partie. Dans tous ces cas, vous devrez faire face aux mensonges, à la méfiance, à la colère, peut-être même au désengagement de votre vis-à-vis.

Que faire alors? Certainement pas vous enfouir la tête dans le sable. Profitons de la fin de ce livre pour trouver d'autres options.

L'autre vous a menti?

Oui, ça arrive... Mais avant de jouer les vierges offensées et de ne plus jamais vouloir lui parler, posez-vous quelques questions. Était-ce vraiment un mensonge ou une position initiale de négociation? Vous ne pouvez pas vous attendre à ce que tout le monde vous arrive avec une offre qui correspondra à vos besoins coup sur coup. Il est également normal que votre vis-à-vis se réserve une certaine zone de manœuvre. Est-ce que ça en fait un menteur pour autant? Pas du tout. Vous agirez tout comme lui si vous jouez bien votre rôle.

Mais il se peut qu'il vous ait vraiment menti. Que faire alors? Commencez par vous demander s'il en est vraiment conscient. Il se peut très bien qu'il croie tout ce qu'il vous a raconté. Posez quelques questions. Demandez-lui de répéter. Si vous ne sentez pas de doute, il se peut qu'on lui ait donné une information qu'il a supposé vraie. Dans ce cas, la bonne volonté de votre interlocuteur n'est pas en cause. Mais vous ne pourrez dorénavant plus croire tout ce qu'il avance.

Demandez-vous aussi si l'enjeu de la négociation est suffisamment important pour que vous continuiez la négociation ou s'il est simplement temps de mettre un terme à celle-ci. Si vous ne pouvez vivre avec un mensonge et que vous tentez de bâtir une relation à long terme, la question vaut quelques réflexions.

Si vous décidez d'aller de l'avant, relèverez-vous le mensonge ou ferez-vous comme si de rien n'était? Après tout, certaines omissions sont de bonne guerre tandis que certaines affirmations ne peuvent être passées sous silence parce que vous ne pouvez pas laisser supposer que vous êtes d'accord avec celles-ci.

Finalement, retenez que plus vous aurez l'air préparé et à votre affaire, moins on osera vous mentir. D'où l'importance de bien préparer chacune de vos négociations et de démontrer que vous êtes bien organisé et que vous savez où vous allez.

L'autre est en colère?

Si votre vis-à-vis est en colère, c'est son cerveau primitif qui est aux commandes et vous aurez bien peu de chance de voir la négociation progresser si vous agissez comme si de rien n'était. Or, il faut être deux pour négocier et négocier avec un cerveau primitif ne vous mènera nulle part. Il vous faut donc agir.

Commencez par découvrir ce qui a mis l'autre en colère. Avez-vous quelque chose à vous reprocher? Êtes-vous en faute? Rappelez-vous que ce n'est pas parce que vous croyez être blanc comme neige que vous l'êtes nécessairement. Si vous ne trouvez pas, partez en quête de l'information. Retournez à vos techniques de questionnement.

- « Je vois que tu es en colère et j'aimerais savoir pourquoi. Dis-moi ce qui se passe. »

- « Je me sens mal à l'aise. Est-ce que j'ai fait quelque-chose qui aurait pu vous mettre en colère? »

Ensuite, taisez-vous et écoutez. Le simple fait d'être à l'écoute et de laisser parler l'autre lui permettra de se calmer. Si vous l'avez blessé, il vous le dira. S'il vit quelque chose de doulou-reux dans sa vie qui explique son attitude du moment, il vous le dira peut-être aussi. Si vous réalisez que vous n'êtes pas responsable de son humeur, proposez de reporter la négocia-tion à un moment où il sera plus en forme. Il vous remerciera.

Si vous réalisez que vous êtes en faute ou qu'il y a eu malen-tendu, le temps est venu de vous excuser. Expliquez que vous êtes désolé et demandez ce que vous pouvez faire pour répa-rer la relation. Dans bien des cas, vos excuses suffiront.

Dans d'autres cas, il se peut que vous ayez brisé la relation. Proposez alors qu'un autre négociateur vous remplace et as-surez votre vis-à-vis du fait que vous aimeriez bien faire à nouveau affaire avec lui dès que ce sera possible.

L'autre vous menace?

Il est possible que votre interlocuteur tente indûment de vous mettre de la pression en faisant des menaces. Il menacera peut-être de ne plus faire affaire avec vous ou de porter la chose devant les tribunaux.

Vous pouvez, dans un premier temps, valider ses sentiments à propos de la négociation en cours : « Je sais, c'est frustrant de ne pas en arriver à une entente. Continuons à chercher ensemble. Je suis persuadé que nous y arriverons. » Dans ce cas, vous l'aidez à ventiler sa frustration et il est possible qu'il soit à nouveau enclin à négocier.

Si vous réalisez que ses menaces ne sont pas crédibles, aidez-le à se calmer puis demandez-lui s'il a envie d'une pause. Proposez de reporter la négociation. Il aura le temps de retrouver son aplomb.

Si la menace est crédible, vous pouvez annoncer que vous vous retirez de la négociation, lui souhaiter tout le succès possible et lui dire que vous serez là quand il aura envie de poursuivre.

Il se peut que l'autre vous semble complètement irrationnel. Mais les gens le sont rarement. Il existe sans doute de bonnes explications si ses agissements vous semblent contre-productifs.

- Il est possible qu'il sache des choses que vous ignorez.

- Il négocie peut-être avec un de vos concurrents et cherche seulement à gagner du temps.

- Son groupe de pression lui a peut-être demandé de retarder la négociation et la menace est la solution qu'il a trouvée.

Alain Samson

Dans ce cas, ne vous retirez pas des négociations sans lui réitérer votre conviction que vous êtes le meilleur partenaire compte tenu de ses besoins. Donnez-lui le temps de repenser à ses menaces et de se demander si elles étaient justifiées.

Il y aura toujours des vis-à-vis plus coriaces ou plus difficiles que d'autres. Cela vient avec le métier de négociateur. Quand ils se présentent, prenez quelques instants. Dites intérieurement merci pour toutes les personnes agréables avec qui vous transigez dans une année. Prenez une bonne inspiration et faites tout ce que vous pouvez pour transformer celui qui vous fait face en partenaire de premier niveau.

Conclusion : les négociations
ont un lendemain

Le voyage pour moi, ce n'est pas arriver, c'est partir. C'est la
saveur de la journée qui s'ouvre, c'est l'imprévu de la prochaine
escale, c'est le désir jamais comblé de connaître sans cesse autre
chose, c'est la curiosité de confronter ses rêves avec le Monde,
c'est demain, éternellement demain.
— Roland Dorgelès

Nous voici à la fin de ce livre. Impossible de vous quitter sans mentionner ce qui se passe après la négociation, au moment où tout a été dit et décidé. Nous procéderons en deux étapes. Parlons dans un premier temps de la négociation qui vient de se terminer. Nous parlerons ensuite de vous.

Ensuite...

Ça y est. Vous vous êtes entendus. Vous vous êtes même serré la main. Mais est-ce que ça veut dire que le travail est terminé? Pas du tout! Il reste des peurs à enrayer, des détails à confirmer et des plaies à panser.

Débutons par les plaies. Le rapport de force aidant, il se peut que votre interlocuteur ait à quelques reprises dû faire des concessions qui ne faisaient pas son affaire. Il est possible qu'il vous en veuille encore un peu. Vous ne pouvez pas le laisser ainsi.

Commencez par lui confirmer que vous avez aimé négocier avec lui. Une bonne poignée de main, un regard franc et un

« c'est un plaisir de négocier avec vous » lui communiqueront qu'il n'y a aucune animosité entre vous, que les remarques acerbes sont oubliées et que l'aventure a été positive.

Ça a de l'importance. Plus tard, quand il se rappellera sa négociation avec vous, c'est de ce moment qu'il se souviendra. Il aura oublié les accrochages et la pression que vous aurez exercée. Grâce à l'effet de récence, tous vos bons mots lui reviendront à l'esprit.

Viennent ensuite les détails à confirmer. Ce n'est pas parce que vous venez de vous entendre que vous êtes sur la même longueur d'onde. Vos compréhensions mutuelles ne sont pas nécessairement les mêmes. Si, par exemple, vous vous êtes entendus sur le fait que la première phase doit être lancée « dans les plus brefs délais », vous devrez définir cette expression. Si, pour vous, ça veut dire *dans les prochains jours,* il se peut que ça signifie *d'ici quelques semaines* pour votre vis-à-vis.

Vous devez donc conclure une entente écrite. Si possible, offrez de la rédiger vous-même. De cette manière, c'est votre interprétation qui primera.

Finalement, il y a fort à parier que chacun d'entre vous devra aller vendre cette entente à ses groupes de pression respectifs. Vous pouvez mutuellement vous aider à relever ce défi avec brio. Commencez par demander à l'autre s'il s'attend à ce que l'entente soit bien reçue de son côté. S'il a quelques réserves, demandez-lui sur quels points elles portent et tentez, ensemble, de trouver les meilleurs arguments. Faites la même chose avec votre groupe de pression.

Ces discussions d'après-conclusion n'ont pas à se faire dans un cadre officiel. La tension étant maintenant redescendue, profitez-en pour célébrer votre négociation autour d'une bière ou d'un bon repas.

Alain Samson

Ce n'est donc pas parce que les négociations sont terminées qu'il est temps de plier bagage. Il est plutôt temps de vous assurer que rien ne viendra polluer votre entente et que votre vis-à-vis sera enchanté, la prochaine fois, de découvrir que c'est à nouveau avec vous qu'il devra négocier.

L'essentiel bilan personnel

Une fois seul, dans un processus d'amélioration continue, évaluez votre performance et demandez-vous ce que vous avez à améliorer pour obtenir de meilleurs résultats la prochaine fois. Cette étape n'a pas pour but de vous flageller. Vous devriez être fier des efforts investis jusqu'à maintenant. Mais il y a toujours moyen de s'améliorer.

Commencez par vous attribuer une note sur les 13 dimensions suivantes, basées sur la structure de ce livre:

1. Je n'ai pas perdu de vue le processus de négociation tout au long de celle-ci.
2. J'avais bien planifié la négociation et j'avais toutes les informations en main.
3. J'ai débuté avec une attitude de collaboration bien réelle.
4. J'ai su bien questionner. Je ne me suis pas contenté de deviner mon vis-à-vis.
5. J'ai bien écouté.
6. J'ai su inspirer confiance en mettant de l'avant mes compétences et ma bienveillance.
7. J'ai encouragé mon vis-à-vis à s'ouvrir et à me faire part de ses préoccupations.
8. J'ai su m'affirmer quand c'était nécessaire.
9. J'ai bien utilisé les outils de persuasion.
10. Je ne me suis pas laissé bousculer.
11. J'ai bien géré les concessions.
12. J'ai mis juste assez de pression.
13. Avec une bonne rétroaction, j'ai su faire face aux conflits qui se sont pointés tout au long du processus.

Après avoir évalué votre performance, répondez à ces deux questions :

- De quoi êtes-vous particulièrement fier?

- Que ferez-vous de mieux la prochaine fois?

Au besoin, si vous réalisez que certains éléments vous manquent, relisez ce livre ou inscrivez-vous à une formation.

La capacité de négocier n'est pas une science. C'est un art. Et on n'est jamais rendu au bout de son art. Il ne sera jamais parfaitement maîtrisé. C'est une quête sans fin d'améliorations et d'apprentissage.

Heureusement, la vie est faite de négociations. C'est chaque jour que vous pouvez raffiner vos compétences et votre art. Chaque journée vous arrive avec son lot d'occasions de relever les 13 défis présentés dans ce livre. Libre à vous de les saisir afin de devenir un maître-négociateur.

Si vous y arrivez, les récompenses ne manqueront pas. Vous atteindrez vos objectifs. Vous saurez tirer votre épingle du jeu. Vous irez chercher toute la valeur que vous apportez à la table des négociations. Mais, plus encore, les gens auront du plaisir à négocier avec vous parce qu'ils réaliseront que c'est en vous faisant confiance et en collaborant avec vous qu'ils atteignent des résultats optimaux.

Car on ne négocie pas aux dépens des autres. On négocie avec eux dans l'espoir de bâtir une relation qui permettra à tous de prospérer.

Alain Samson

Lectures suggérées

Karras, Chester L., *The Negociating Game*, Harper Collins, New York, 1994, 258 p.

Malhotra, Deepak et Max H. Bazerman, *Negotiation Genius*, Bantam, New York, 2007, 343 p.

Samson, Alain, *Affirmez-vous!*, Éditions Transcontinental, Montréal, 2002, 104 p.

Samson, Alain, *Communiquez! Négociez! Vendez!*, Éditions Transcontinental et Fondation de l'entrepreneurship, Montréal et Québec, 1996, 268 p.

Pour aller plus loin...

Cette lecture vous a plus et vous aimeriez aller plus loin? Vous désirez que les membres de votre équipe s'approprient ce contenu? Vous souhaiteriez qu'ils améliorent leurs compétences en vente et en négociation? Pourquoi ne pas, dans ce cas, embaucher Alain Samson pour une conférence ou une journée de formation constituée de présentations magistrales, de simulations, de jeux et d'activités d'éveil? Au sortir de cette journée, votre personnel partagera un vocabulaire commun et sera désireux de mettre le savoir acquis en pratique.

Pour plus d'information, passez au www.alainsamson.net ou écrivez à l'auteur : alain@alainsamson.net.

www.ingramcontent.com/pod-product-compliance
Lightning Source LLC
Chambersburg PA
CBHW070030210526
45170CB00012B/527